手作りを楽しむ
なつかしさと新しさどちらも楽しめる
12ヶ月のつるし飾り

博多琴路 著

日東書院

PART 1 季節のつるし飾り

本書の使い方 …… 4

睦月（1月）　正月　羽子板 …… 6

如月（2月）　節分　鬼 …… 8

弥生（3月）　ひな祭り　おひなさま …… 10

卯月（4月）　お花見　八重桜 …… 12

桜　リース …… 13

皐月（5月）　端午の節句　鯉のぼり …… 14

水無月（6月）　梅雨　あじさい …… 17

文月（7月）　七夕　織り姫　彦星 …… 18

葉月（8月）　夏休み　立葵 …… 20

長月（9月）　お月見　うさぎ1 …… 22

うさぎ2 …… 26

神無月（10月）　秋　実り …… 28

霜月（11月）　晩秋　菊 …… 30

師走（12月）　クリスマス　聖歌隊 …… 32

作家紹介○博多琴路 …… 34

PART 2 つるし飾りの作り方

秋のつるし飾り

- 木目込み鞠 ……… 35
- きつね ……… 36
- とんぼ ……… 38
- 着物雀 ……… 40
- 栗 ……… 42
- 柿 ……… 44
- ちゃんちゃんこ ……… 46
- もんぺ ……… 46
- ぶどう ……… 48
- しいたけ ……… 49
- 菊 ……… 50
- 紐とんぼ ……… 52
- かぼちゃ ……… 53
- かかし ……… 54
- なす ……… 56
- 福良雀 ……… 57
- お兄ちゃん ……… 58
- 弟 ……… 60
- もみじ ……… 60
- いちょう ……… 62
- まんまる地蔵 ……… 62
- どんぐり ……… 64
- 絣かばん ……… 66
- 67

人形のつるし飾り

- 豆うさぎ ……… 68
- 絣ねこ ……… 70
- 赤ちゃんを抱いたうさぎ ……… 72
- 赤ちゃん ……… 74
- 振袖うさぎ ……… 77
- おくるみ赤ちゃん ……… 78
- マリーラビット ……… 80
- スカートうさぎブーケ付 ……… 82
- あぶちゃんうさぎ ……… 86
- 88

人気の文化人形のあれこれ

- 文化人形押し絵 ……… 90
- 紐の文化人形 ……… 92
- 文化人形琴ちゃん ……… 96
- 文化人形夢ちゃん ……… 98
- 100

コラム ○ 大人も楽しむ着せ替え人形 ……… 105

- つまみ細工で作る 開運勝馬 古布で馬を作って開運を願いましょう ……… 106
- つまみ細工で作る バラのウエディングハット ……… 108
- つまみ細工で花（星の砂）を作りましょう ……… 110
- つるし飾りを作る道具、材料 ……… 112

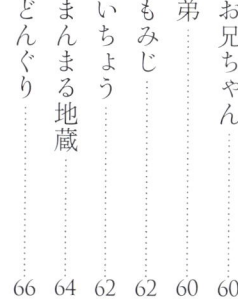

本書の使い方

つるし飾りの形をより多く楽しんでいただくために、デザイン見本を満載しました。誌面に限りがあるので、すべての作り方を紹介は出来ませんが、伝統的な「秋」とユニークな「人形」のつるし飾りを取り上げて、作り方の解説をしています。

実物大型紙（一部製図）と作品のパーツを紹介、型紙から取る場合は縫い代3〜5ミリを取り、作品のパーツからはその大きさで取ることが出来ます（一部縮尺）。

つまみ細工の手法を取り入れて作ったものもあります。つまみ細工は伝統的な手芸ですが、簡単で作りやすいので、根気さえあれば誰でも作れます。巻末にその作り方の初歩を解説しましたので、参考にしてください。

本書に掲載した作品のすべてにキットがあります。解説書だけを購入することも出来ます（P34参照）。

① 1月〜12月までのつるし飾りデザイン見本14点を見せます。

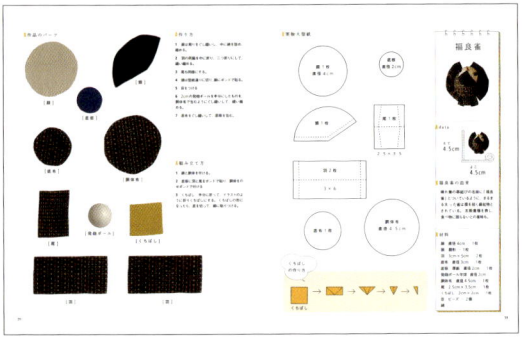

② 秋のつるし飾り作り方を解説します。

③ 人形のつるし飾り作り方を解説します。

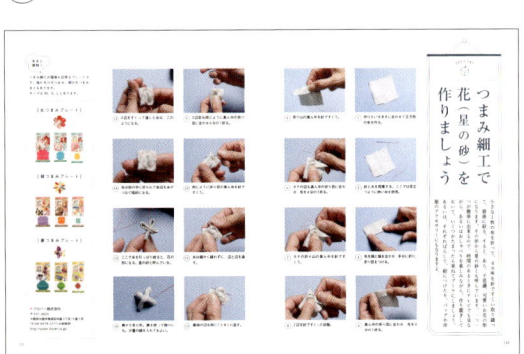

④ つまみ細工、小花（星の砂）の作り方のプロセス。

無断で複写、複製、転載することは出来ません。本書掲載のデザインを商業目的に使用することを禁じます。
作品のパーツは一部無いものもあります。

PART 1

季節のつるし飾り

月毎の行事に合わせて自由な発想で
作られたつるし飾りです。
なつかしさと新しさ、
どちらも楽しめる形で提案しています。

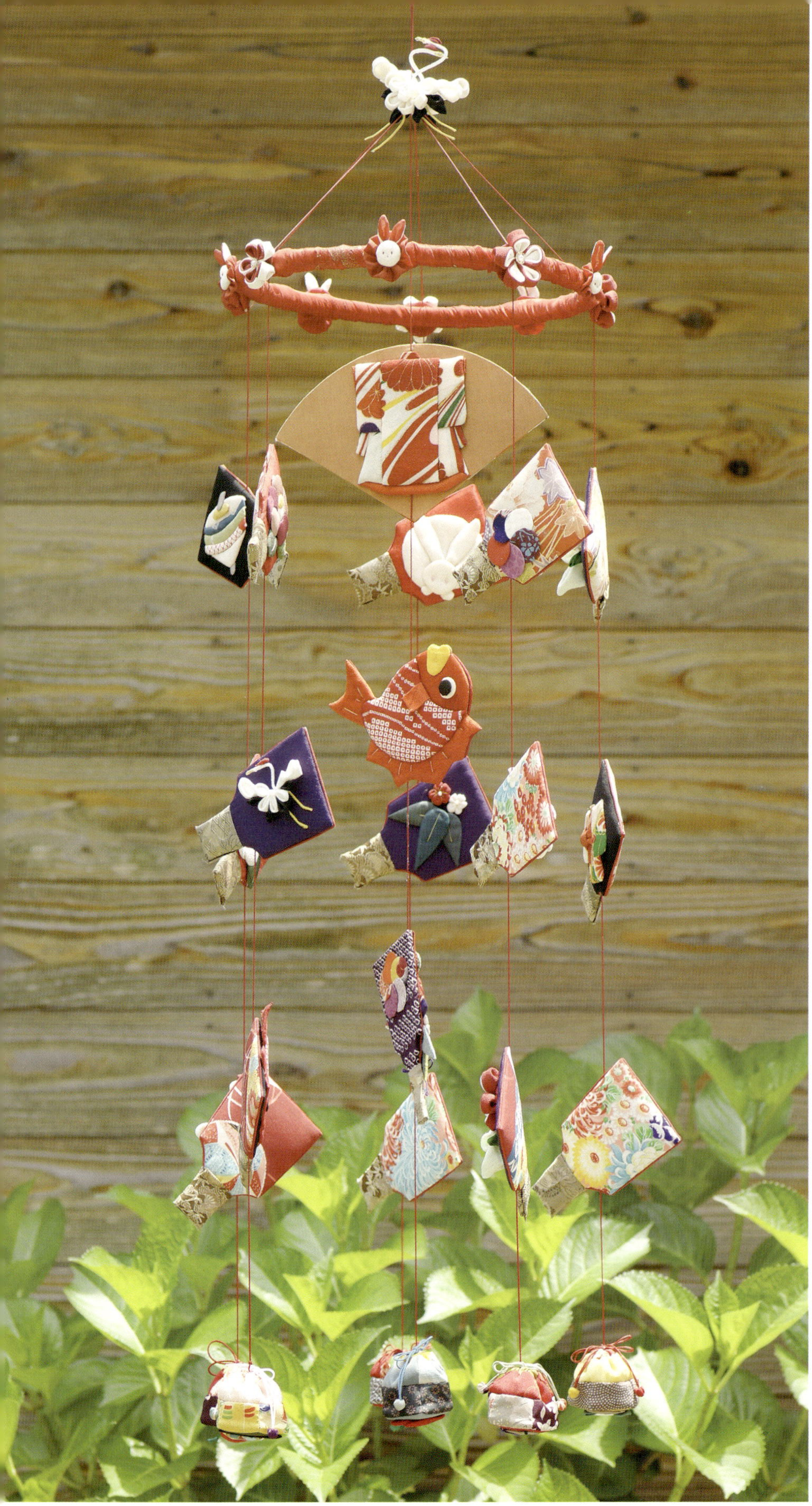

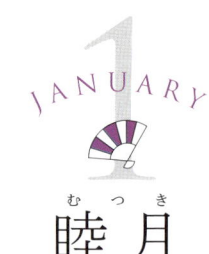

正　月

JANUARY 1

睦月(むつき)

羽子板

羽子板にさまざま施された押し絵
お正月らしい華やぎに心が躍ります

1月　JANUARY

正月を彩る

今ではあまり見られなくなってしまった羽根つきの風景。しかし羽子板は毎年お正月の風物詩として、年の瀬に新しい趣向を凝らして、私たちの目を楽しませてくれます。

［作り方の手引］

押し絵で作った羽子板をつるしました。おめでたい絵柄を貼り付けて、華やかに、賑やかに。押し絵は厚紙で絵柄をくりぬいて、ドミット芯を貼り、布でくるんで作ります。

節分

FEBRUARY 2

如月(きさらぎ)

鬼

こんな可愛い鬼ならば
一緒に遊びたくなりますね

2月 FEBRUARY

節分を彩る

春の訪れを告げる節分は、華やかさはないけれど、素朴な、心を和ませる行事。年の数だけ豆を食べて健康を祈ります。鬼もこんなに可愛ければ、怖くなくて子どもも楽しそう。

[作り方の手引]

天井から梁をつたって降りてきた鬼たちをイメージ。太い紐を作ってねじり、しがみついている鬼は伝統のつるしアイテム「さるっこ」を作る応用で。本誌ではP70豆うさぎを参考にしてください。

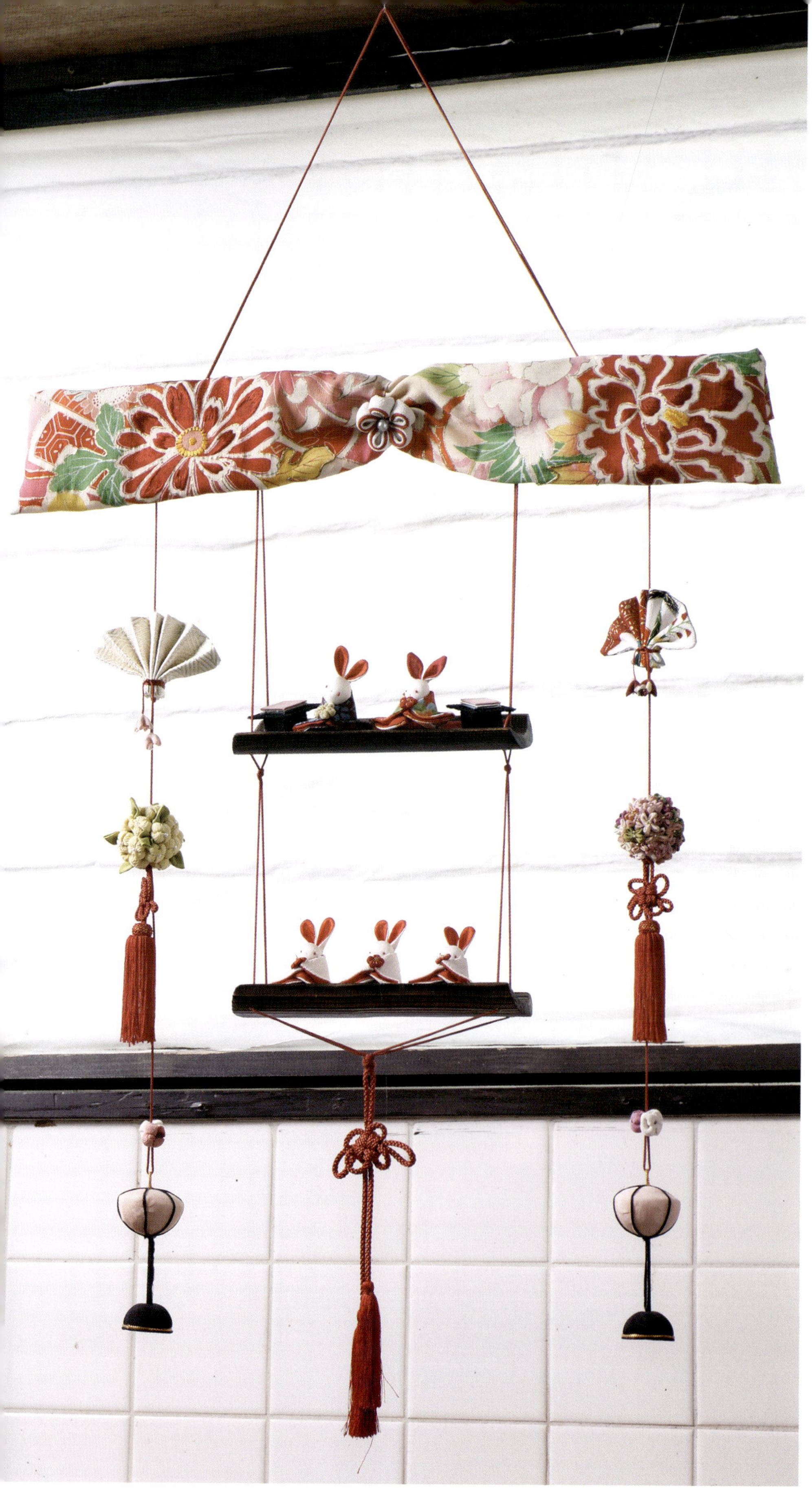

おひなさま

弥生（やよい）

ひな祭り

いくつになっても
嬉しいひな祭り
今年はこんな変わりびなで

3月　MARCH

ひな祭りを彩る

もともとつるし飾りはひな祭りを祝うもの。豪華なひな壇はなくとも、母が心を込めて作ったつるし飾りは一生の思い出になります。伝統に縛られず、こんなモダンなつるしびなも新鮮ですね。

[作り方の手引]

顔は丸い布に綿を詰めて絞っただけ。表裏の袷（あわせ）にした布をふわりかぶせて、お内裏様は豪華に、三人官女は清楚に仕立てました。房やぼんぼりは通販で購入できます。

11

お花見

APRIL 4

卯月(うづき)

八重桜

つまみ細工で作った桜 簡単なのに豪華なので人気

4月　APRIL

お花見

卯月（うづき）

桜 リース

和の技法とテイストで作ったリース

お花見を彩る

桜は日本人の一番好きな花。咲き始め、満開の時、散っていくさま、どれもが美しく、風情を感じさせます。その桜をつまみ細工で作ってみました。花びらを重ねてちょっと妖艶な桜です。

[作り方の手引]

日本の桜をあえてリースに。これもつまみ細工で、つるし飾りだと部屋に飾れないという要望に応えて作ったものです。紺色に乗せた柔らかな桜色は、夜桜を思わせます。
（八重桜／羽田野良子作　桜リース／樽見ゆかり作）

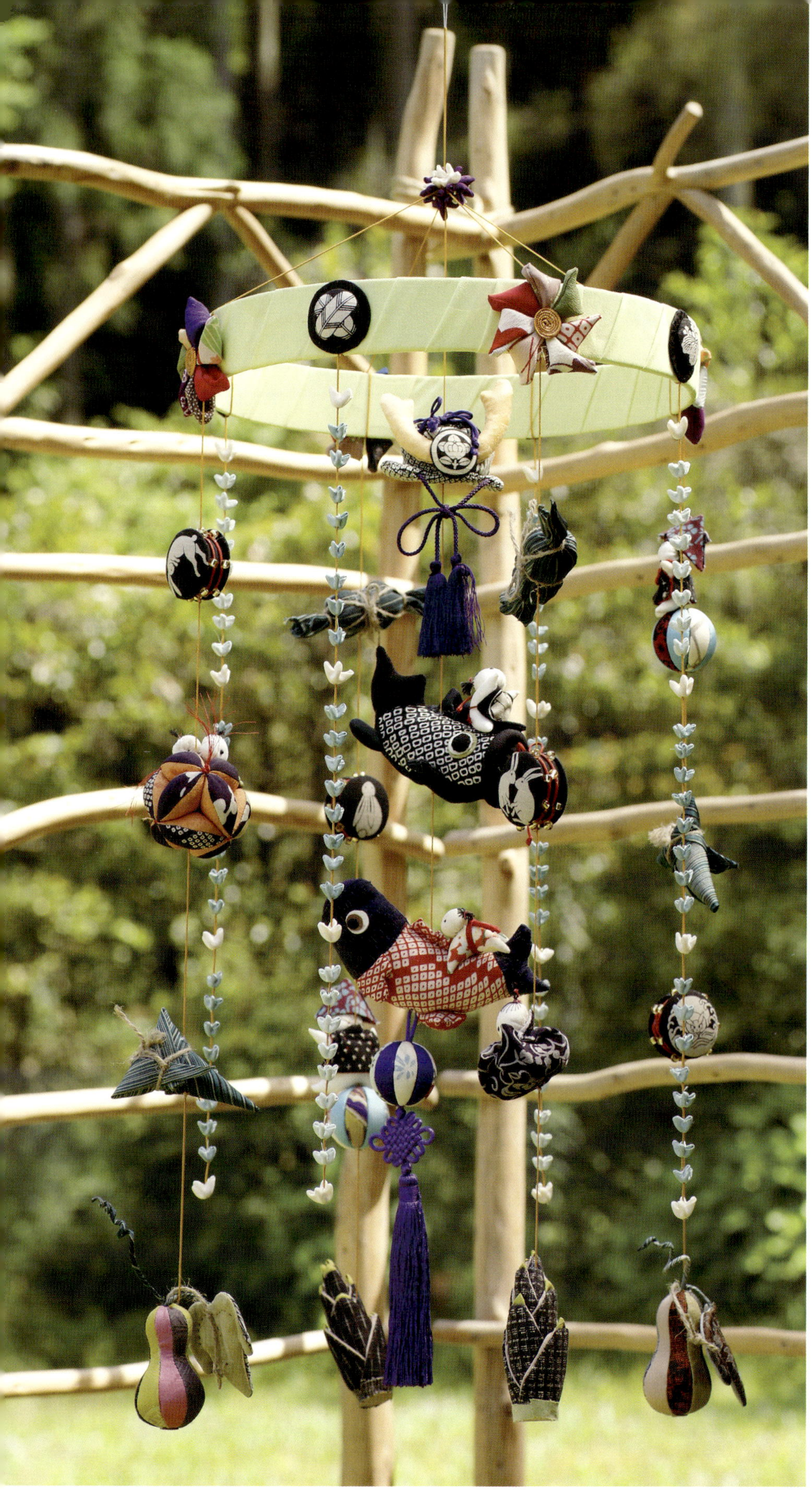

端午の節句

5 MAY

皐月（さつき）

鯉のぼり

端午の節句だから
兜やちまき、太鼓
家紋も添えて賑やかに

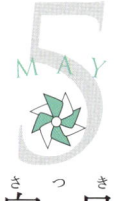

5 月　MAY

端午の節句を彩る

もともとは女の子のひな祭りの飾りであったつるしが、いつからか端午の節句にも使われるようになりました。鯉のぼりや兜、でんでん太鼓、ちまきなど、男の子の成長を祈っていろいろ考えられています。

[作り方の手引]

いつ頃から始まったか分かりませんが、伝統のものではないので、自由に思いつくままに作ったら楽しいですね。子どもの行く末を願う形はいくらでも思いつくはず。

兜は男の子の象徴。家紋を付け、飾り紐を垂らして凛々しい形に。兜の飾りは型紙を手描きし、縫い代をとって布に写し、形の通りに縫って表に返し、綿を入れます。

七宝鞠に顔をつけて。七宝鞠は半円と木の葉型の布でお椀型に作り、中に綿を詰めたものをつなぎ合わせると出来ます。見た目より簡単なので初心者向き。顔や花を付けて自由に楽しめます。

6月　JUNE

梅雨

水無月
（みなづき）

あじさい

雨に濡れる紫陽花は
日本の情緒を
象徴する美しさ

梅雨を彩る

6月になると紫陽花の便りが各地から寄せられます。紫陽花の名所には大勢の人が訪れて大賑わい。最近は紫陽花の種類も増えて、驚くほどにいろいろな形を楽しめるようになりました。

[作り方の手引]

発泡スチロールの玉に図案を描いて、土台布を木目込みで覆っていきます。がくは一枚ずつ作って接ぎ合わせます。飾り紐は菊結びと房で。細かい作業ですが、独特の形が魅力的。(坂本まり作)

七夕

JULY 7

文月
ふみづき

織り姫 彦星

笹の枝をつるしに
見立て
星に願いを

七夕を彩る

織り姫と彦星ですが、この二人は恋人同士でなく実は夫婦、あまりにラブラブで仕事をしないため神の怒りに触れ離ればなれに、そして1年に1度会うのを許されたとか。ちょっとロマンが薄れましたが、これが伝説だそうです。

7月 JULY

[作り方の手引]

七夕飾りの発想でつるしてみました。やっと会えた彦星と織り姫を表し、織り姫はP10の「おひなさま」、下で見ている童はP60の「お兄ちゃんと弟」の応用で作れます。

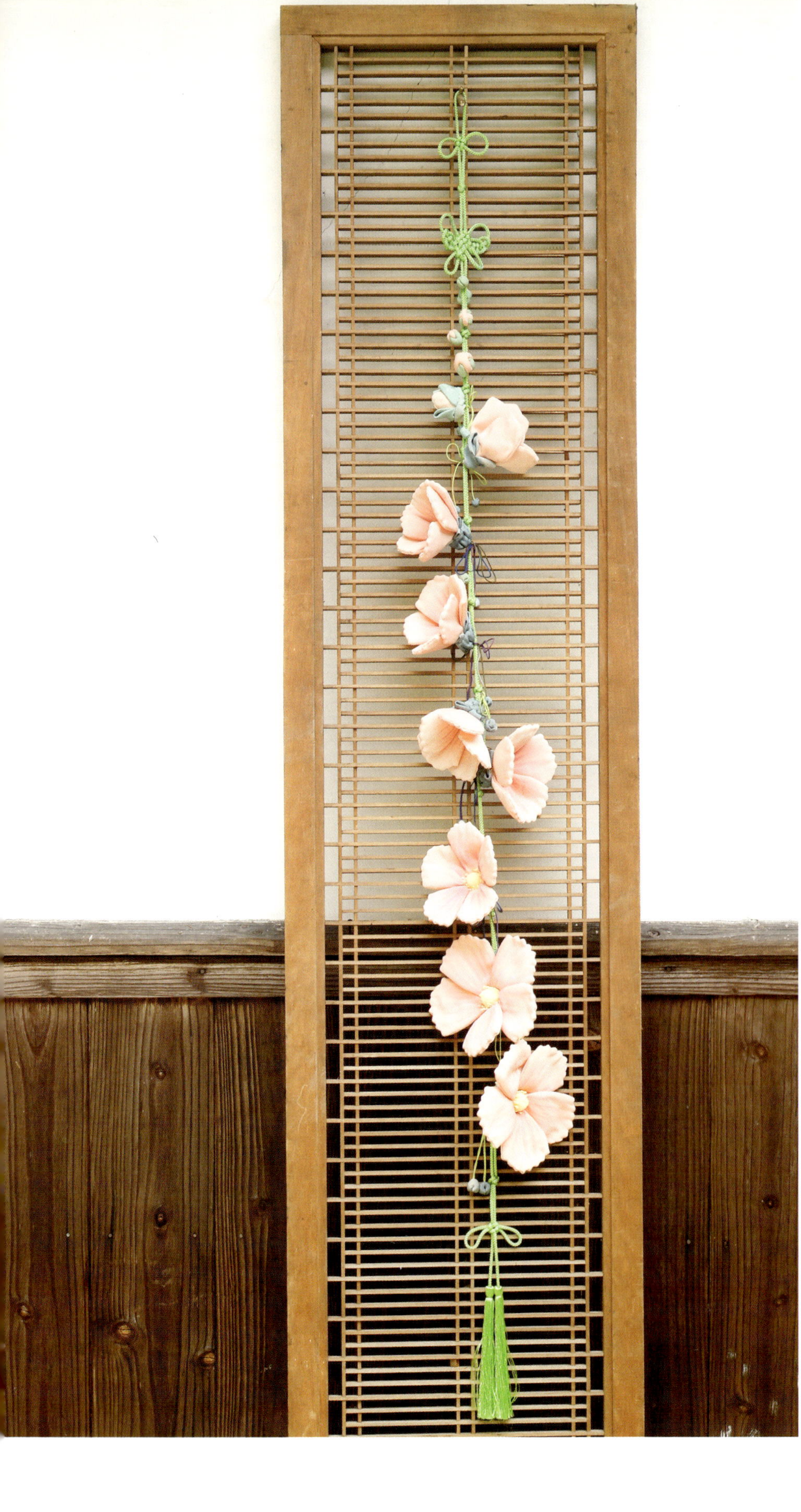

夏休み

葉月
(はづき)

立葵

庭に咲く葵の花を
そのまま写して

8月　AUGUST

[作り方の手引]

花びら、芯、がくと別々に作り、最後に紐を通して袋にします。紐は揚げ巻き結び、こま結び、唐蝶結びを使っています。花びらの表にはアクリル絵の具（赤と白を混ぜ合わせる）で濃淡をつけ、パープルで3〜4本筋を描いています。（坂本まり作）

夏休みを彩る

輝く日差しを浴びて青空をバックに直立する立葵は、夏の代表的な花。花言葉には、威厳、高貴、大きな志、などがあるそうですが、たしかにその姿には姿勢を正す趣がありますね。

お月見

SEPTEMBER 9

長月(ながつき)

うさぎ1

月と言えばうさぎ
どんなうさぎなのかと
考えてみました♪

9月　SEPTEMBER

お月見を彩る

昔からちりめん細工の世界では、うさぎは重要なモチーフとしてさまざまな形で作られてきました。そのうさぎ尽くしのタペストリーです。つるしを飾る場所がなくても、これなら洋室でも和室でもぴったり。

[作り方の手引]

うさぎは古事記に「兔神」と記され、繁殖力の強さにちなんで、安産の願掛けとして女性たちの信仰の対象でした。うさぎびなはいつの時代も人気のアイテム、丸いお顔と赤い耳をつければあとは自由に楽しめます。

うさぎいろいろ

くくり猿を応用して作ったうさぎ。振袖の素材を変えるだけでイメージが違う。ちょっとシックで大人っぽいうさぎになった。

月にはうさぎがいると昔の人は信じていた。今、そんなことはないと分かっていても月とうさぎはセットになっている。

お花に囲まれて篭に入ったうさぎ。うさぎは押し絵なので耳が平たくなっている。お花はつまみ細工で作っている。

可愛いうさぎに振袖を着せてみた。目鼻は刺しゅうで、おまけにお髭も付けて。お髭があっても可愛いから不思議。

9月　SEPTEMBER

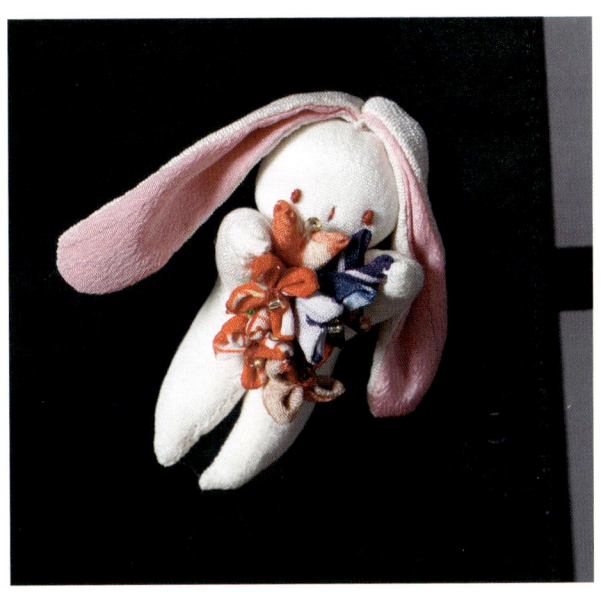

耳の長〜いうさぎ。耳の裏をピンクにすることで、やわらかい印象に。足をちょっと内股にするだけで可愛さが増す。

ブーケを持ったうさぎ人形。手と足は紐で作っている。紐の中には毛糸を入れてふっくらさせている。

このうさぎは「おいでませうさぎ」といい手を合わせてご挨拶しているイメージ。大きな袖から覗く合わせた手が可愛い。

お月見

SEPTEMBER 9

長月(ながつき)

うさぎ2

うさぎをメインにお人形をいくつかつるして

9月　SEPTEMBER

お月見を彩る2

うさぎとお人形と、カワイイものをいっぱい集めました。ハートの紐飾りがそれに輪を掛けて可愛い。お嬢さんがお嫁に行くときに、持たせてあげてはいかがでしょうか。

[作り方の手引]

どれをどのようにつるすという決まりもなく、全体のバランスを考えながら自由につるしています。お人形をそのときどき作りためて、女の子の好きなものを添えていきましょう。

秋

OCTOBER
10
神無月
（かんなづき）

実り

田んぼの稲が黄金色に輝き
収穫の喜びを味わえる秋

10月　OCTOBER

秋を彩る

秋といえば実りの秋。収穫された食べ物の美味しさに幸せを感じる季節です。とくに新米は格別。そんな秋の喜びを表したつるし飾りです。伝統の技法で作っています。

[作り方の手引]

「秋」のそれぞれのアイテムの作り方はP36~67に掲載しています。基本的な伝統の形が多く、よく目にするものなので、作りやすいのでは。すべてキットがあります。

晩秋

NOVEMBER 11

霜月(しもつき)

菊

菊の花びらをつまみ細工で表しました

11月 NOVEMBER

晩秋を彩る

桜と並んで日本の代表花である菊は、さまざまなシーンに使われ、生活の中にとけ込んだ花です。つまみ細工を鞠状にして数多くつるし、ボリューム感で圧倒されるものがあります。

[作り方の手引]

つまみ細工の「剣つまみ」という技法で作っています。つまみ細工は根気さえあればだれでもできますし、簡単に出来る「つまみ細工プレート」も売られています。（稲垣すず子作）

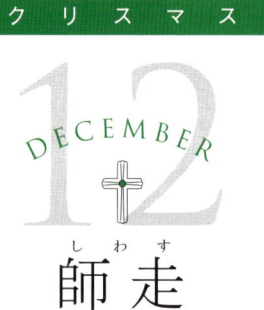

クリスマス

DECEMBER 12
師走(しわす)

聖歌隊

自由な発想で作る洋間でも素敵に馴染みます

12月　DECEMBER

クリスマスを彩る

聖歌隊を持ってきたところがユニーク。色とりどりのつるし飾りの中でモノトーンの世界を表現しました。伝統の形にとらわれず、自分なりの発想で試してみると、より面白さを味わえます。

[作り方の手引]

うさぎの洋服はふくれ織りの上質な素材を使い、楽譜やスカートは厚紙を布でくるんでいます。傘は真鍮に和紙を貼り、紐にパールを使用して聖夜の厳かさを表しました。

> 作家紹介

KOTOJI HAKATA
博多琴路　はかたことじ

布による手作り創作を幅広く行い、全国展開している工房。和洋の素材を使って、洋服、人形、アクセサリー、リース、帽子、などなんでもこなすが、とくにつるし飾りと文化人形には定評がある。スタッフの多くは主婦で、それぞれの得意分野を生かしながら、発想を持ち寄って製作、「内職村」と称している。手仕事好きな人がおしゃべりしながら、自家製野菜で食を楽しみ、自分発見をできるような集まりとなっている。

その作品は作り方は簡単で可愛い、初心者でも楽しくできるものが多い。

伝統を踏まえつつ、現代的なオリジナル作品も生み出している。

博多琴路の教室風景。賑やかにおしゃべりしながら作業を進める。手作りのランチやお菓子も楽しめる。（撮影／岩本光弘）

花地蔵つるし。桜の枝を使ってモビールのようにモダンにつるしている。

※作り方については、誌面の都合上、多くは紹介できませんが、掲載作品はすべてキットがありますので、ご希望の方は下記までご連絡ください。キットは単品500円～3000円、セット3000円～10000円です。

■ 博多琴路（はかたことじ）　〒818-0056　福岡県筑紫野市二日市北1-25-8
　　　　　　　　　　　　　　TEL.092-922-5566　FAX.092-922-1800
　　　　　　　　　　　　　　http://hakatakotoji.com　e-mail:gogo@hakatakotoji.com

つるし飾りの作り方

PART 2

小さな布きれからさまざまな形を生み出すつるし飾りは、一つ二つ作ってみると、その面白さにはまります。
基本の形が出来たら応用で、自分だけのものを作るのも、楽しみですね。

つるし飾りの作り方 1

秋のつるし飾り

比較的簡単で初心者でもうまくできる秋のつるし飾りの作り方を紹介します。全部で23アイテムになるので、これらをマスターすれば、応用して他のものも作れるようになります。

作品のパーツに描かれている白い点線は縫い線もしくは裁ち線を表しています。

作品掲載ページ→P28

36

つるし飾りの作り方 1

いちょう→P.62	福良雀→P.58	菊→P.52	ちゃんちゃんこ→P.46	きつね→P.38
まんまる地蔵→P.64	お兄ちゃん→P.60	紐とんぼ→P.53	もんぺ→P.46	とんぼ→P.40
どんぐり→P.66	弟→P.60	かぼちゃ→P.54	ぶどう→P.48	着物雀→P.42
絣かばん→P.67	もみじ→P.62	かかし→P.56	木目込み鞠→P.49	栗→P.44
		なす→P.57	しいたけ→P.50	柿→P.44

[作り方の説明]

型紙は実物大になっています。型紙に合わせて布を裁つときは、縫い代5mmをつけてください。作品のパーツも実物大ですが、これは縫い代分がついています。作品のパーツに合わせて布地を裁ってもよいでしょう。誌面の都合上パーツのすべてを掲載できないものもありますので、同じ形、大きさのものは、2枚、4枚などの枚数で表しています。すべてのアイテムはキットとして通信販売していますので、ご希望の方は博多琴路までお問い合わせください。 → P34参照

実物大型紙

体台紙 キルト芯

顔 2 枚 キルト芯

耳 2 枚

体布

作品のパーツ

[台紙]

[耳×2枚]

[ビーズ]

きつね

data

たて 7cm
よこ 7cm

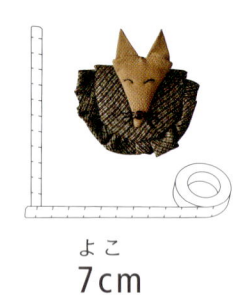

きつねの由来

神の使いであり、守り神とされるきつねは、お稲荷さんと呼ばれ、農耕神として五穀豊穣を司どる。稲荷神社の境内に鎮座する姿に、だれもが親しんでいる。

材料

耳　5cm×5cm‥‥2枚
顔‥‥2枚
体台紙‥‥長径8.4cm
体布‥‥長径10.8cm
キルト芯‥‥適宜
フリル布‥‥3cm×30cm
ビーズ‥‥1個

[顔]

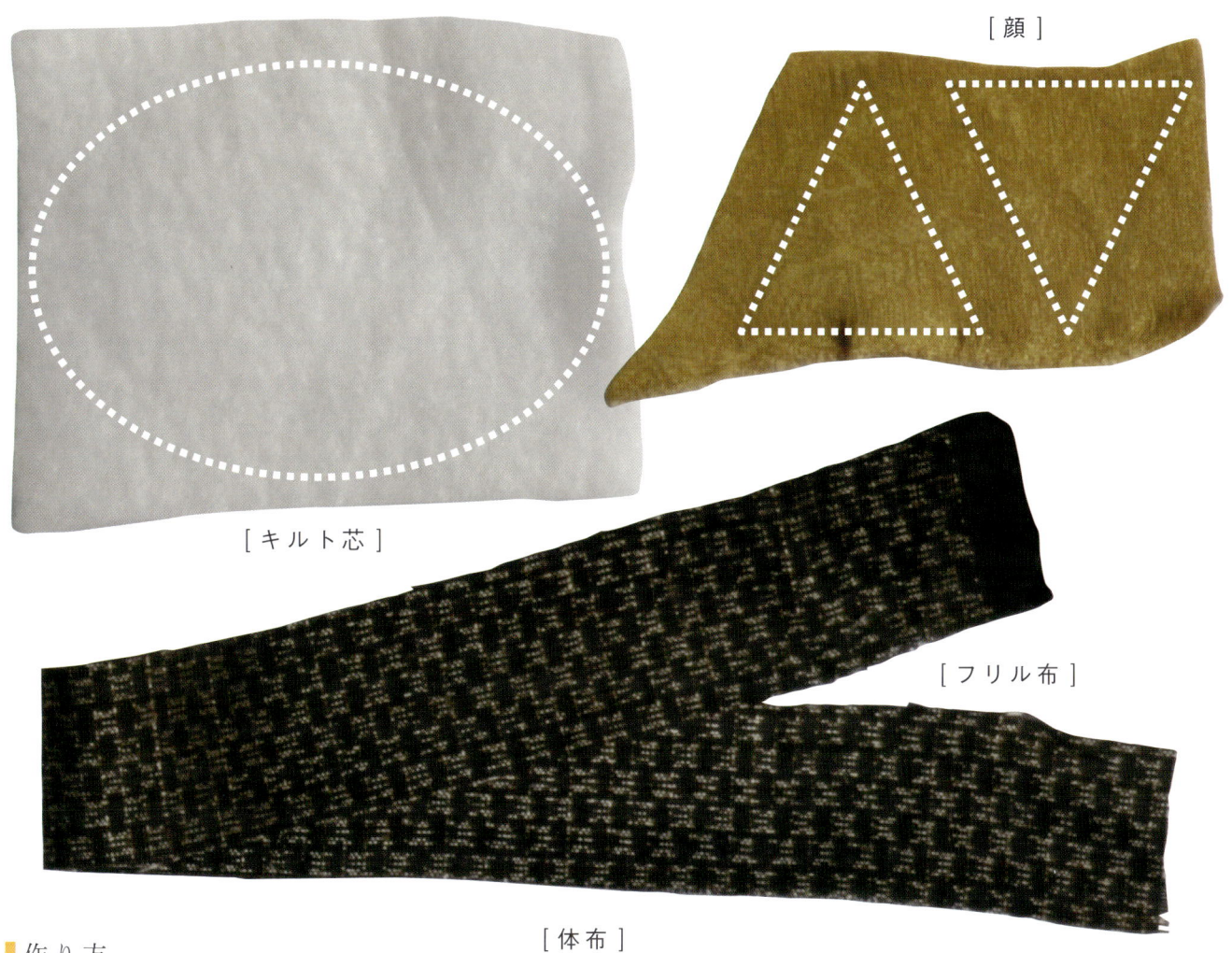

[キルト芯]

[フリル布]

[体布]

■ 作り方

1 体台紙にキルト芯を貼り、布で包む（ボンドでとめる）。

2 フリル用布を1.5cm幅に折り、フリルを作りながら、台紙の下半分にボンドでつけ、挟んで二つ折りにして、ボンド付けする。

耳
1 布にボンドを付けて三角に折り、形を整えながら更に三角に折る（二等辺三角形）。

2 余った布は切り落とす。

顔
1 耳を挟んで中表に縫い返す。

2 鼻のビーズを付け、目・ヒゲを刺しゅうする。

3 体に付ける。

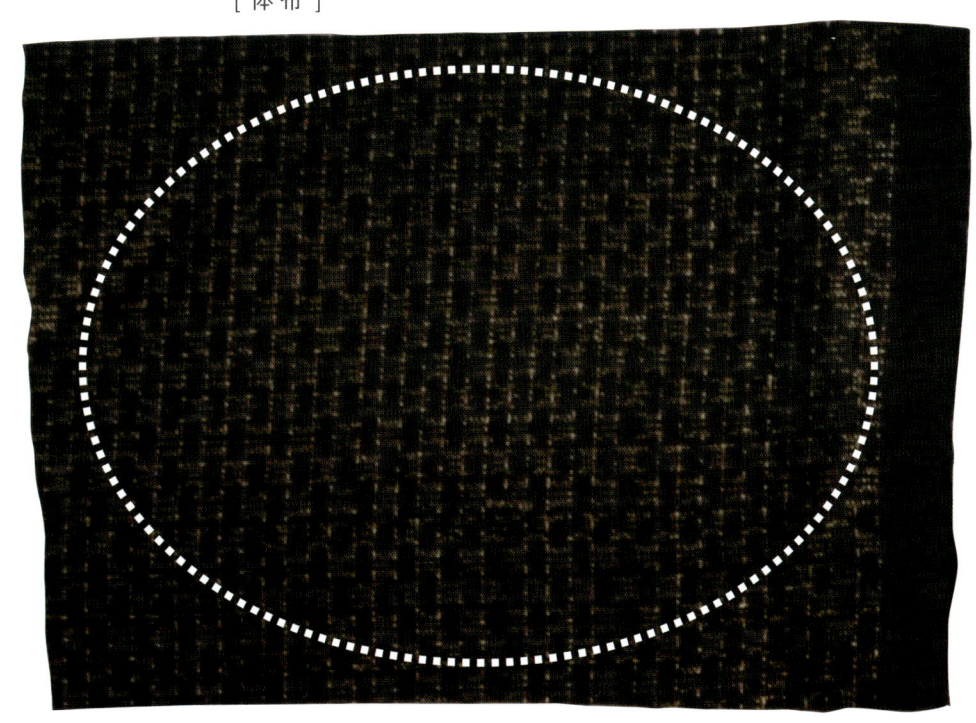

■ 実物大型紙

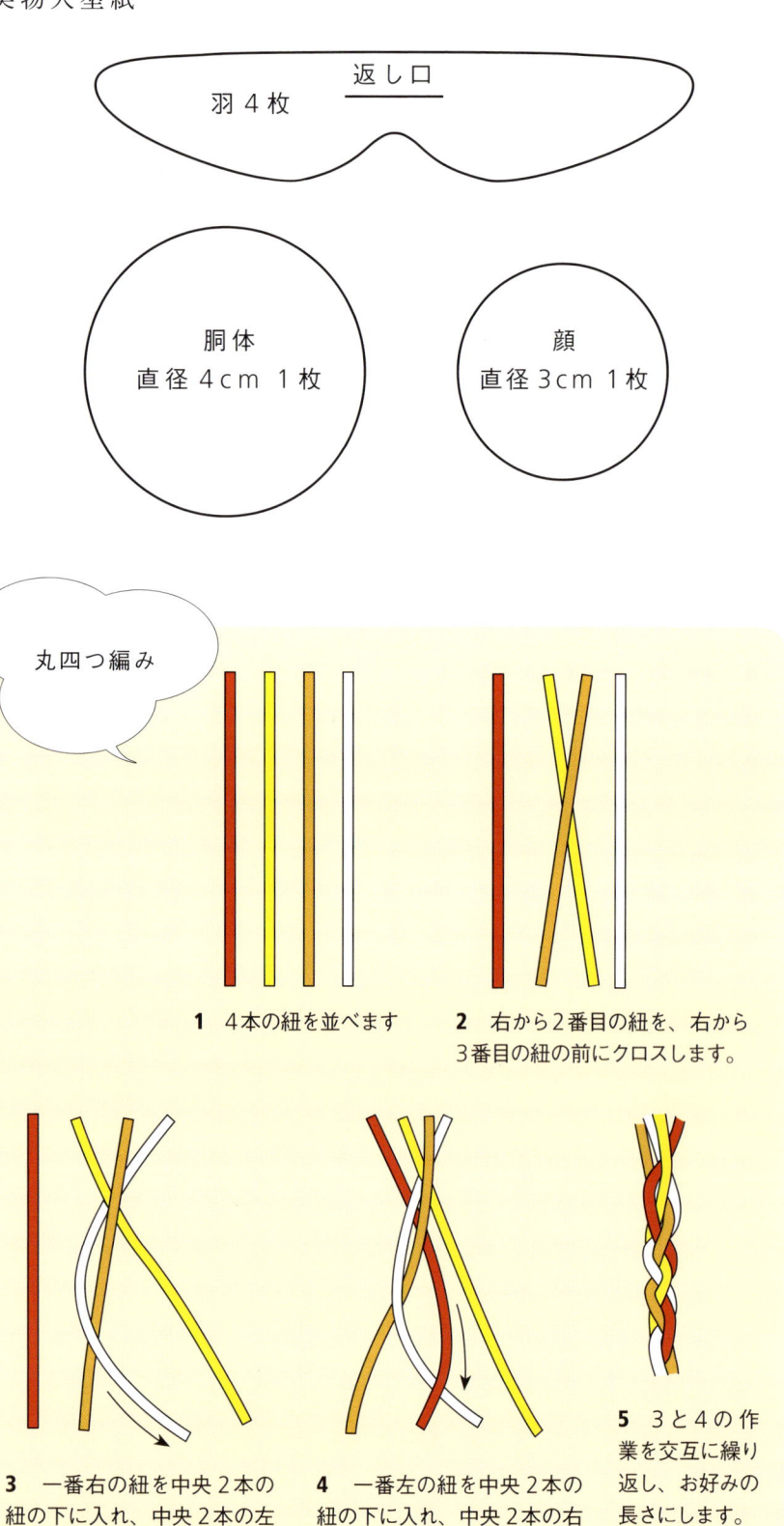

羽 4枚　返し口

胴体　直径4cm 1枚

顔　直径3cm 1枚

とんぼ

data

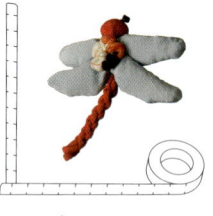

たて 8cm
よこ 9.5cm

とんぼの由来

夏の間は森や林の中で過ごし、秋になると里に降りるトンボは田舎の風景や秋の象徴。とんぼは勝ち虫ともいわれ、秀吉が戦の前にとんぼを放ち、戦勝を願ったという。

材料

羽‥‥4枚
胴体　直径4cm‥‥1枚
顔　直径3cm‥‥1枚
ビーズ‥‥2個
紐　3mm×33cm
飾り花‥‥1個(お好みで)
綿

丸四つ編み

1 4本の紐を並べます

2 右から2番目の紐を、右から3番目の紐の前にクロスします。

3 一番右の紐を中央2本の紐の下に入れ、中央2本の左の紐の手前にクロスします。

4 一番左の紐を中央2本の紐の下に入れ、中央2本の右の紐の手前にクロスします。

5 3と4の作業を交互に繰り返し、お好みの長さにします。

■ 作品のパーツ

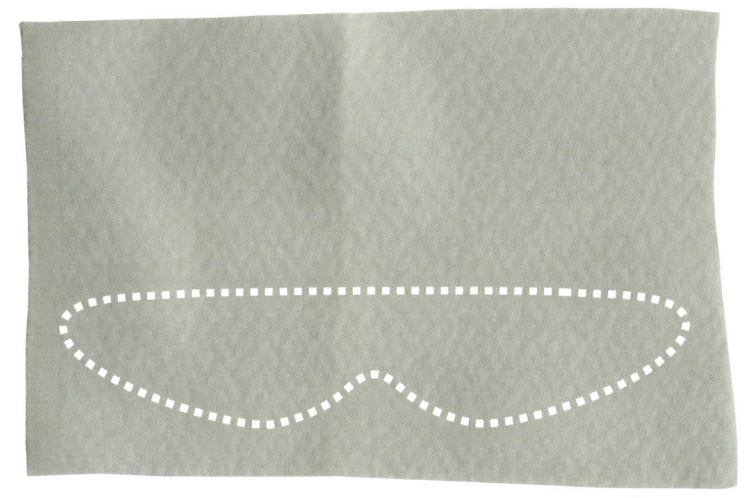

[羽　二つに折り重ねて裁ってください]

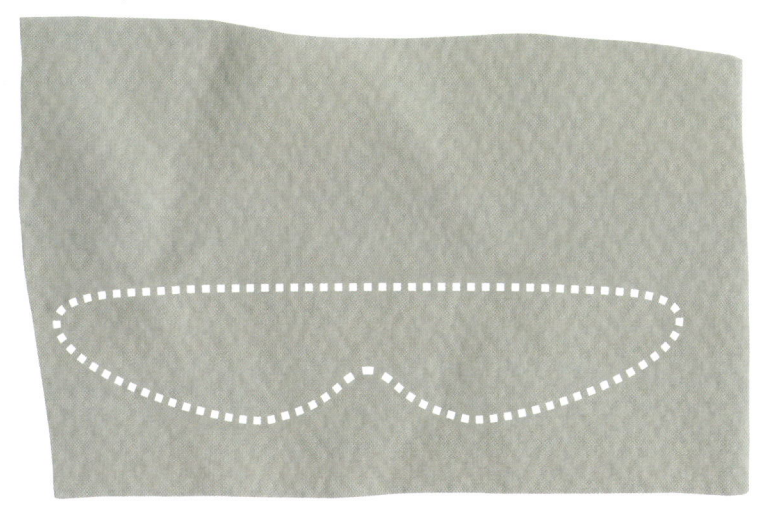

[羽]

[紐]

[顔]

[胴体]

■ 作り方

1　羽は中表にぐるりと縫う。切り込みを入れて返す。

2　胴体・顔は　周りをぐし縫し、綿をいれて絞る。

3　尾は4本とりにして、丸四つ編みをする。

仕上げ
1　体の絞り口を上にして、顔の絞り口を体の方に向けて縫い留める。

2　尾を体に縫い留める。

3　羽の返し口を下にして体に縫い留める。

4　目をつける

5　花はお好みで。

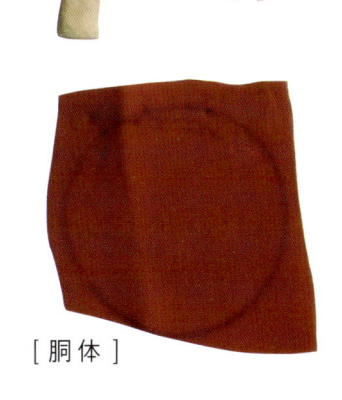

■ 実物大型紙

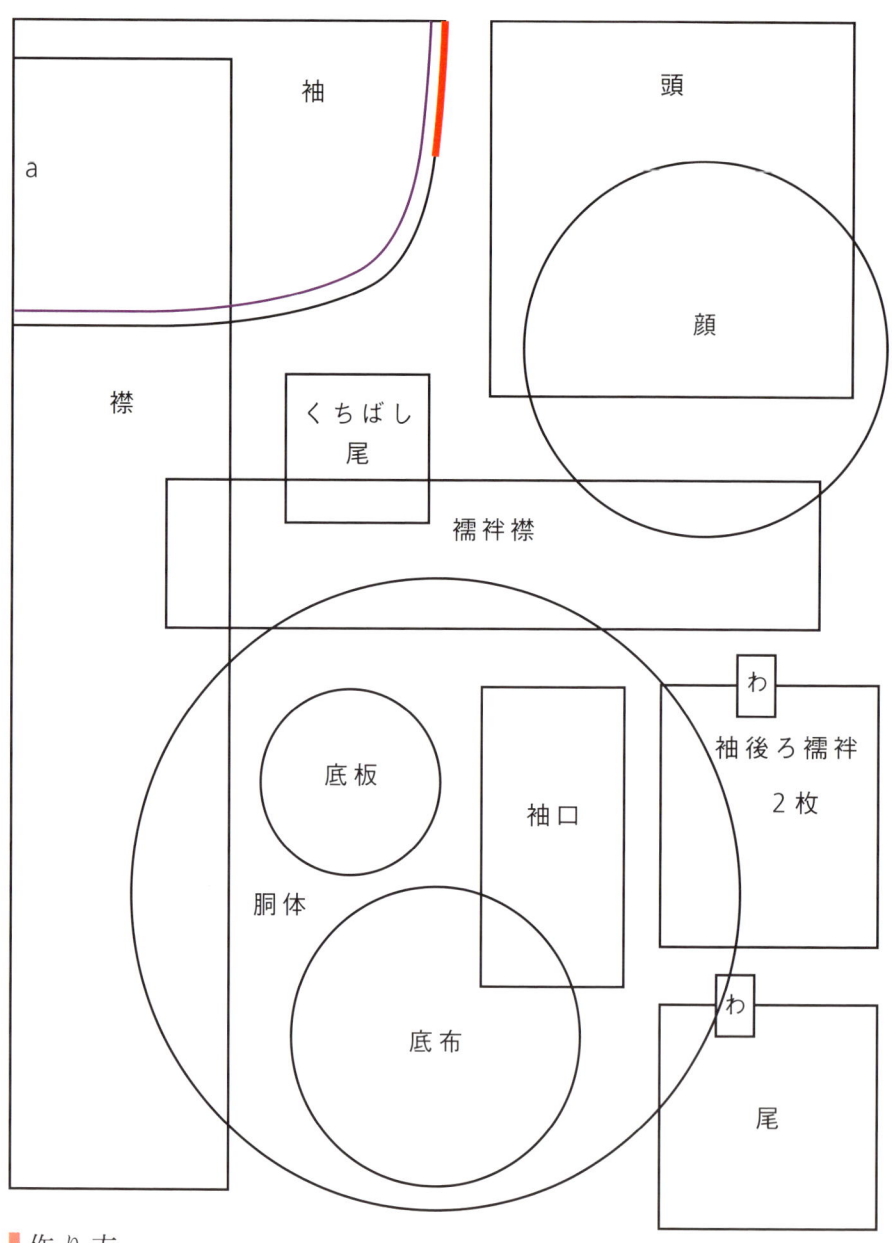

着物雀

■ data

たて 6cm

よこ 6.5cm

■ 材料

袖　2枚
頭　5cm角　直径5cm
襟　3cm×15cm
襦袢襟　2cm×9cm
底板　直径2.5cm
底布　直径4cm
くちばし　2cm×2cm
袖口　2cm×4cm‥‥各2枚
袖後ろ襦袢　3cm×3.5cm
　　　　　‥‥各2枚
尾　3cm角
胴体　直径8.5cm
綿

■ 作り方

顔　ぐし縫いして綿を入れ、縫い縮めて目を刺しゅうする。

頭　半分に折り、また半分に折って三角にしたもののてっぺんを顔に縫い付け、後ろに引っぱって形よく縫い留める。

くちばし　折って三角にし、くちばしの形にしたらボンドで顔につける。

胴体　ぐし縫いし綿を入れ縫い縮める。

底板　布をかぶせ、縫い縮める。

尾　両端を折り込み、半分に折って縫い縮め底板の尾の位置に留める。

袖　袖口を赤線のところに挟み、紫のところを縫って返し、aを袖の内側に折り込みで出来上がり3.5cmにする。襦袢を少し見せて留める。

仕上げ　胴体に襦袢襟を巻き、襟を巻き、尾のついた土台で留める。袖を付け、飾りはお好みで。

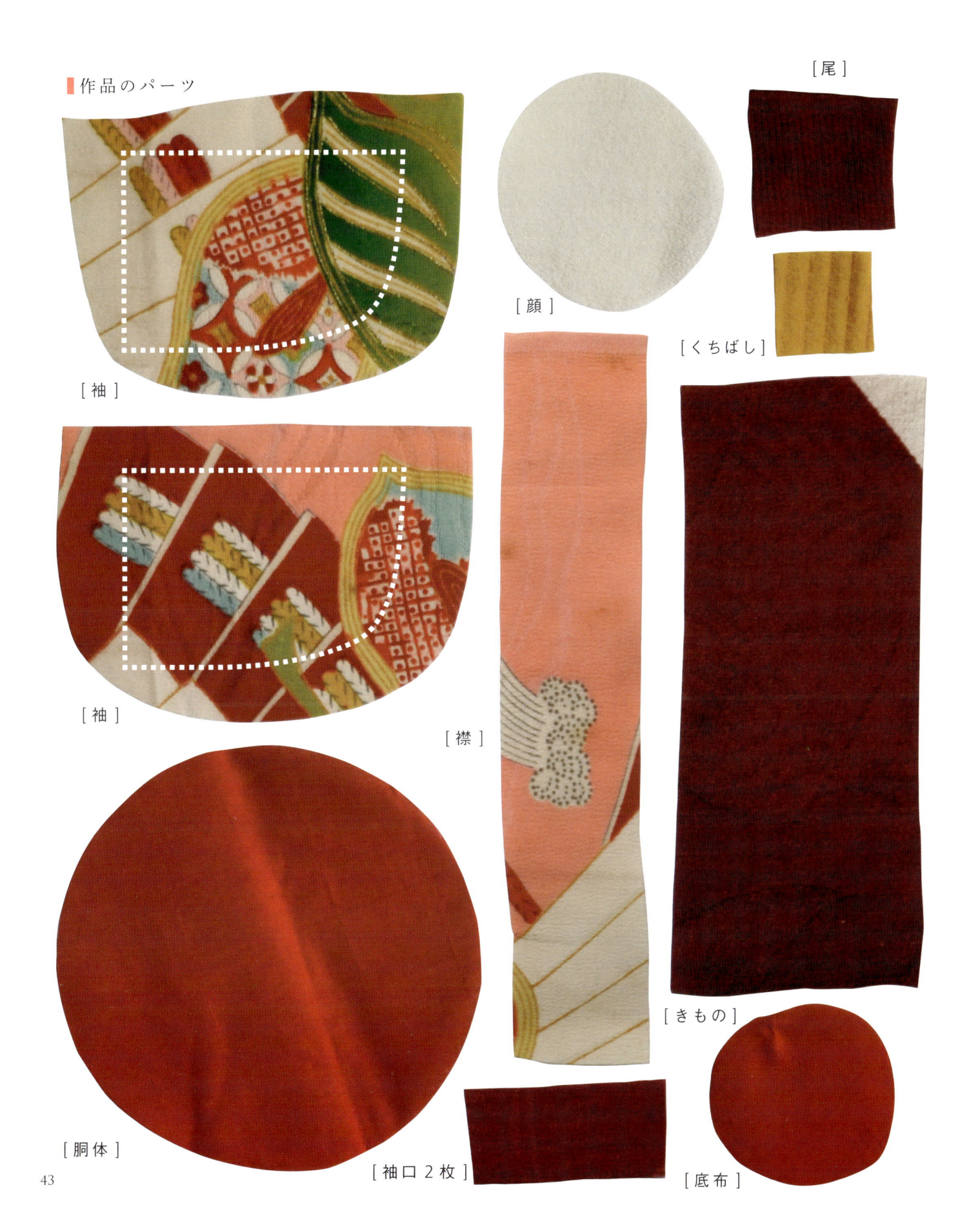

■作品のパーツ

[袖]

[袖]

[顔]

[襟]

[尾]

[くちばし]

[きもの]

[胴体]

[袖口 2枚]

[底布]

■ 実物大型紙

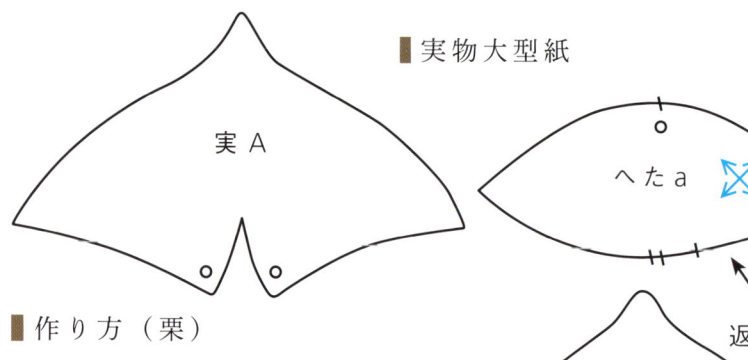

実 A

へた a

返し口

実 B

へた b

■ 作り方（栗）

1. 接着芯を貼る。
2. 型紙に3ミリの縫い代を付けて裁つ。
3. Aのダーツを縫う。
4. ○印を合わせて、Aとaをはぎ合わせる。
5. Bとbをはぎ合わせる。
6. 4と5をはぎ合わせる。
7. 縫い代に切り目をいれて、返し口から表に返す。
8. 綿を詰めて、返し口を閉じる。
9. 綿をなじませ、形を整える。

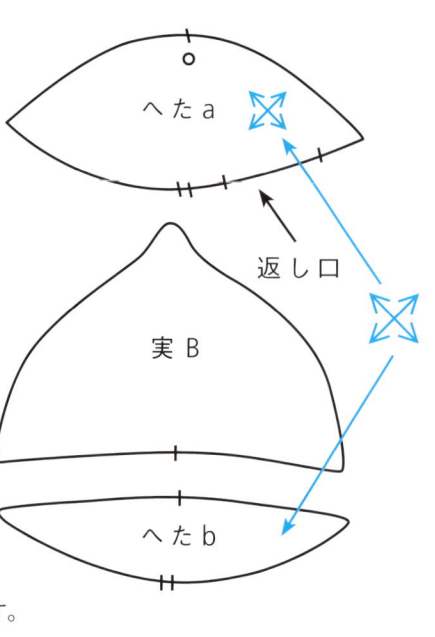

栗

data
たて 4cm
よこ 4cm

материал
実（焦げ茶無地）A,B　10cm×8cm
へた (a,b) 8cm×6cm
栗へたはバイヤスに裁つ
綿

■ 実物大型紙

返し口

実

へた

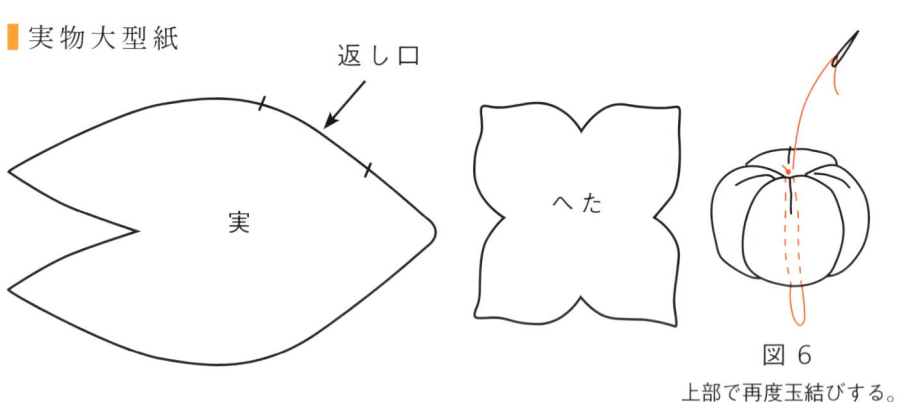

図6
上部で再度玉結びする。

■ 作品のパーツ（柿）

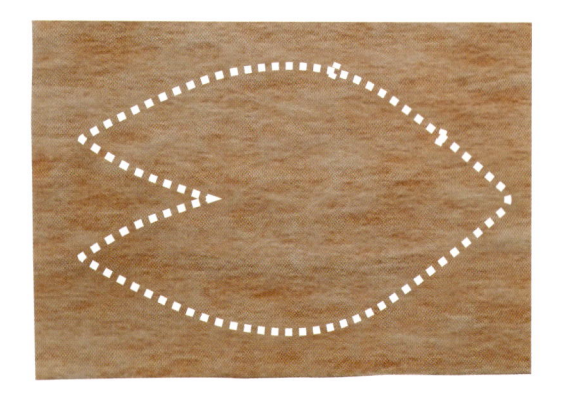

[実 4枚]

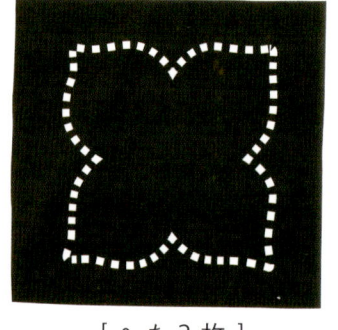

[へた 2枚]

[軸]

柿

data
たて 3.5cm
よこ 4.5cm

材料
実（オレンジ色）7cm×5cm‥‥4枚
へた（緑色）　4×4cm‥‥2枚
両面テープ
軸　茶色の甚五　テクノロート各5cm
0.7mmテクノロート(形状保持剤
ハマナカH204-593)
綿

■ 作品のパーツ（栗）

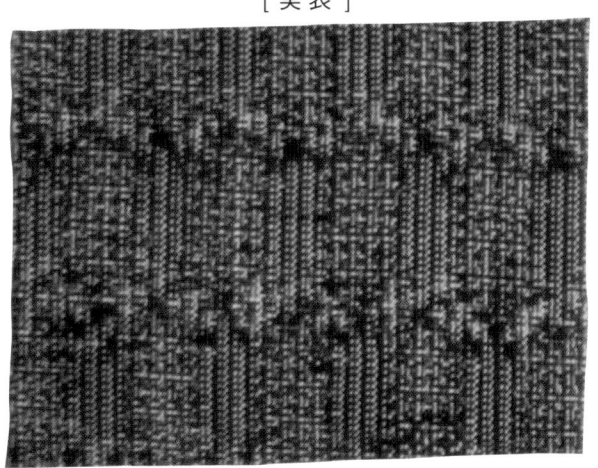

[実表]

[実裏]

[へた表]

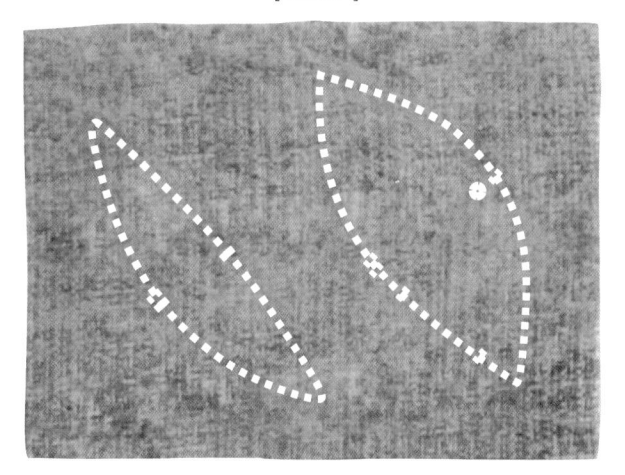

[へた裏]

■ 作り方（柿）

1　接着芯を貼る。

2　型紙に3mmの縫い代を付けて裁つ。

3　ダーツを縫う（反返し縫い）。

4　4枚を縫い合わせる。

5　返し口から表に返し、綿をきつめに詰め、返し口を閉じる。

6　へた付け位置をへこませる。…丈夫な糸を玉結びし、上部から刺して実の中心の縫い目をすくい上部に針をもどして引き締めへこませる（図6参照）

7　中央（軸を刺す位置）に目打ちで穴をあけておく。

軸　茶の甚五にテクノロートを通し、二つに折り曲げる。

へた

1　片面に両面テープを貼り、2枚を重ね合わせる。

2　裏面に鉛筆でへたをかたどり、切り取る。

3　へたの中央に目打ちで穴をあけ、二つ折りにした軸を差し込み接着材でへたと実に固定する。※軸はへたから5mm出す。

4　へたの中央はややへこませ、へたと実の形を整える。

■ 実物大型紙

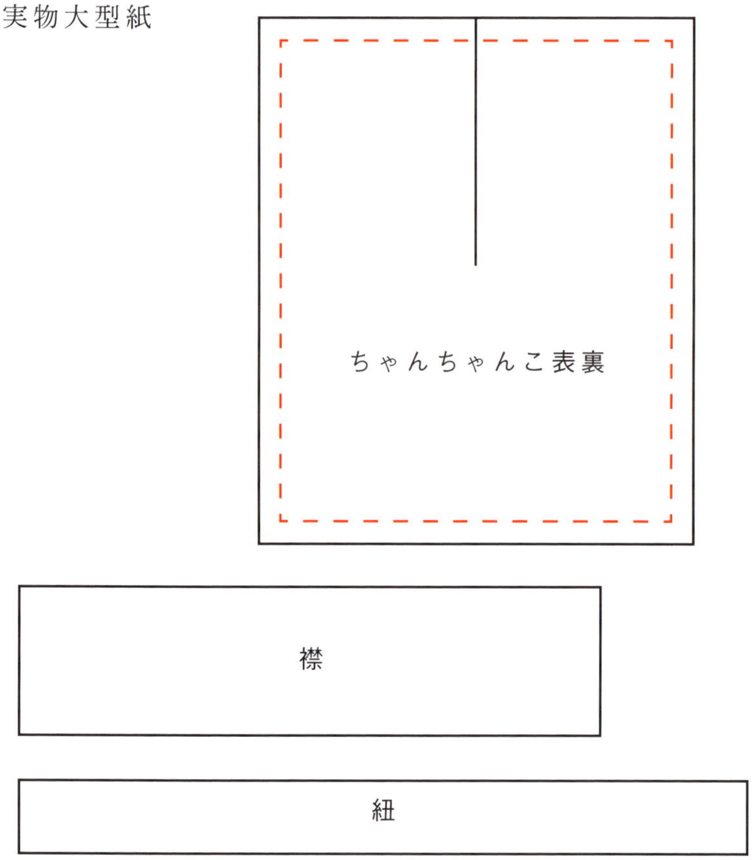

ちゃんちゃんこ表裏

襟

紐

ちゃんちゃんこ

■ data

たて 4cm
よこ 4.5cm

■ 材料

ちゃんちゃんこ　6cm×7cm
　‥‥表裏各1枚
襟　2cm×8cm
5mm幅の赤い紐

■ 実物大型紙

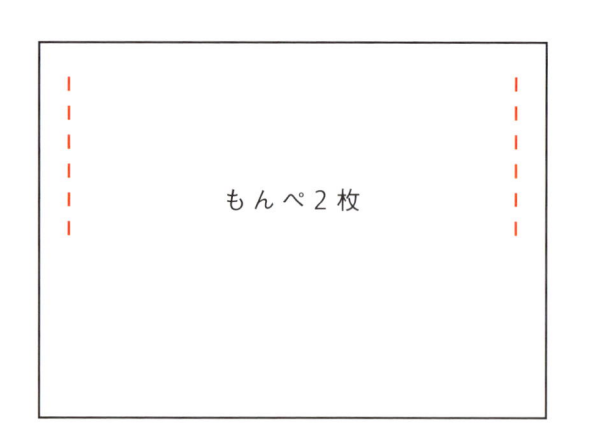

もんぺ2枚

もんぺ

■ data

たて 5cm
よこ 5cm

■ 材料

もんぺ　5cm×7cm‥‥2枚

■ もんぺの作り方

1　上下5mmを裏側に折って、アイロンをかけておく。
2　赤線のところを縫う。
3　広げて股を縫う。
4　裾と腰のところを縫い絞り形を整える。

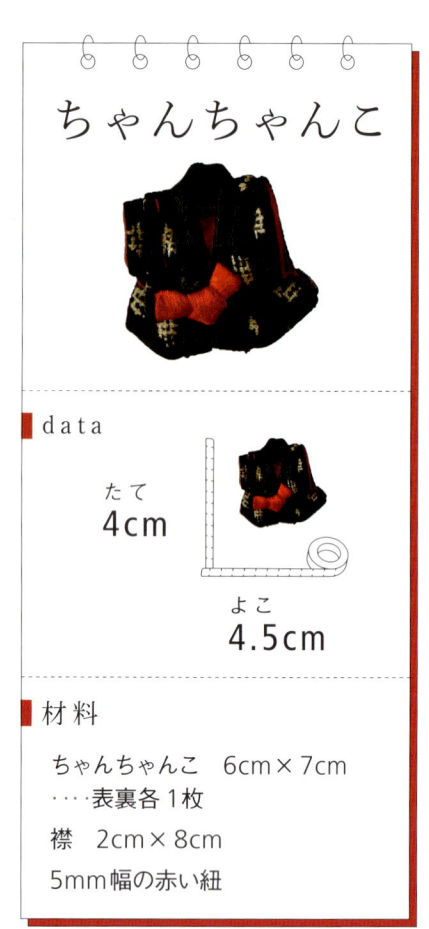

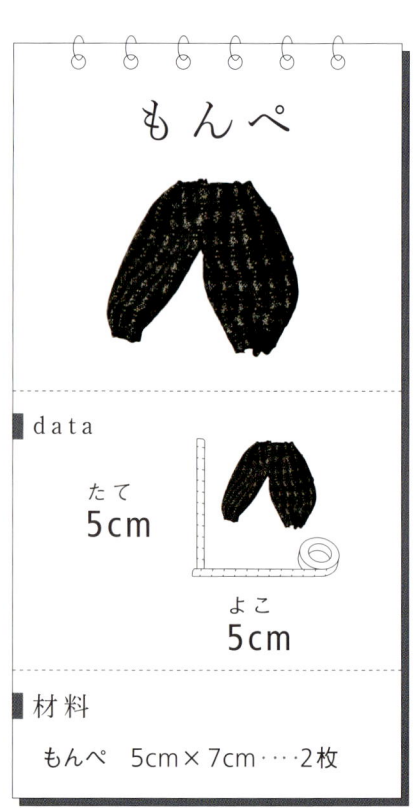

■作品のパーツ（ちゃんちゃんこ）

[襟]

[紐]

[ちゃんちゃんこ表]

[ちゃんちゃんこ裏]

■ちゃんちゃんこの作り方

1　赤い裏布と重ねて、絣布の赤線のところを縫い、返して、襟をまつる。

2　赤い紐を結んでつける。

■作品のパーツ（もんぺ）

[もんぺ]

[もんぺ]

■ 作り方

1. 葉を中表にし、キルト芯を下に敷いて、3枚一緒に縫って、返す。

2. 実は円の周りをぐし縫し、綿をつめて、絞る。

3. 葉の上に実を縫い付ける。

4. フラワー用ワイヤーを目打ちにくるくるまいて、ツルをつくり、葉と実の間に差込み縫い付ける。

■ 実物大型紙

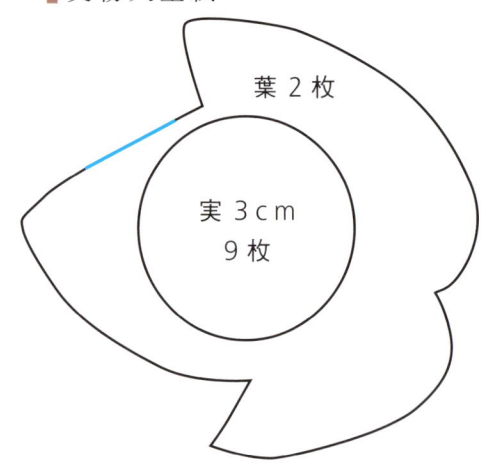

葉 2枚

実 3cm
9枚

■ 作品のパーツ

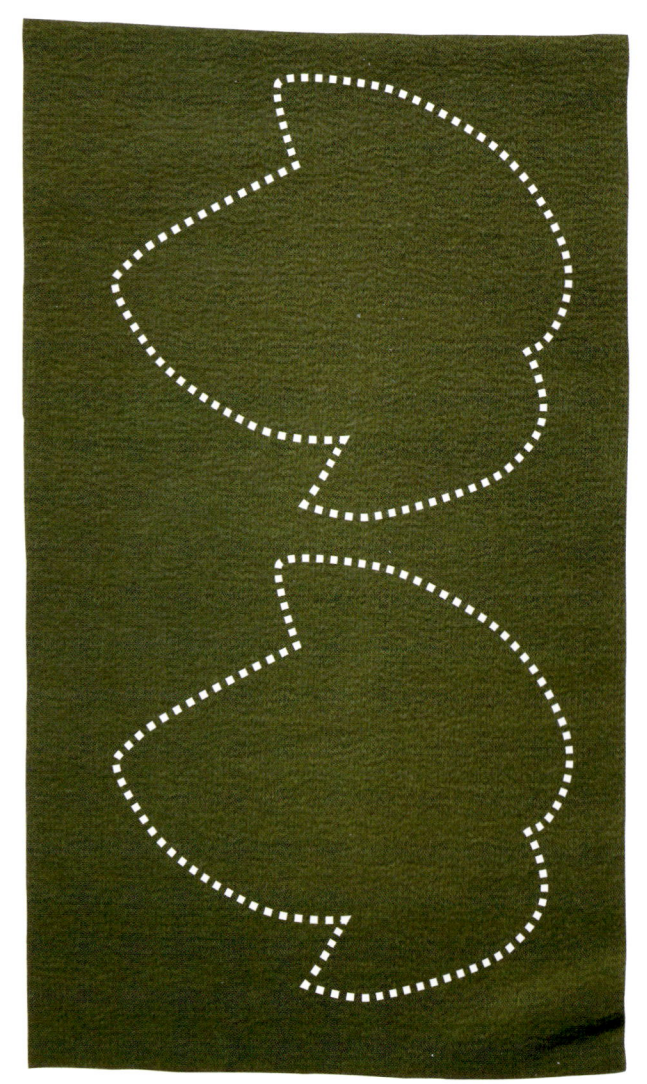

[葉]

[実 2枚]

[実 3枚]

[実 2枚]

[実 2枚]

ぶどう

data

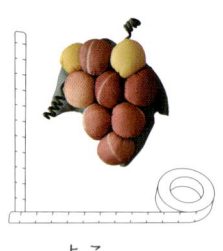

たて 7.5cm
よこ 6.5cm

■ ぶどうの由来

ぶどうはワインやブランデーの原料であり、貴重な果実として珍重されてきた。今では実がいくつもなるので、子だくさんの意味も含め、つるし飾りにも作られるようになった。

■ 材料

葉‥‥2枚
実　直径3cm‥‥9枚
フラワー用ワイヤー‥‥適量
綿

■ 作品のパーツ　　　　■ 実物大型紙

[鞠の1片]

まりの1片

[鞠の1片]

[鞠の1片]
※全部で8枚入ってます

[鞠の1片]

発泡スチロールの球

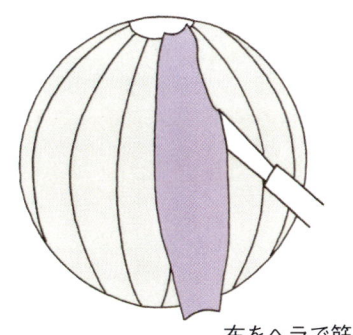

布をヘラで筋の中に入れる

■ 作り方

1　4cmのスチロール玉にカッターで8等分になるよう線を入れる。

2　カッターの線の上から更に、ヘラで筋を入れる。

3　布をバイアスにあて、ヘラで筋の中に入れる。

4　余った布は切り落とす。

木目込み鞠

■ data

たて 4cm
よこ 4cm

■ 木目込み鞠の由来

昔から女の子の遊びの代表とされる鞠。輪、円の発想から円満、財産、子孫繁栄の意味が込められている。8枚の布を木目込み、末広がりの願いも込めて。

■ 材料

発泡スチロールの球　直径4cm
鞠の1片　長径4cm‥‥8枚

■ 実物大型紙

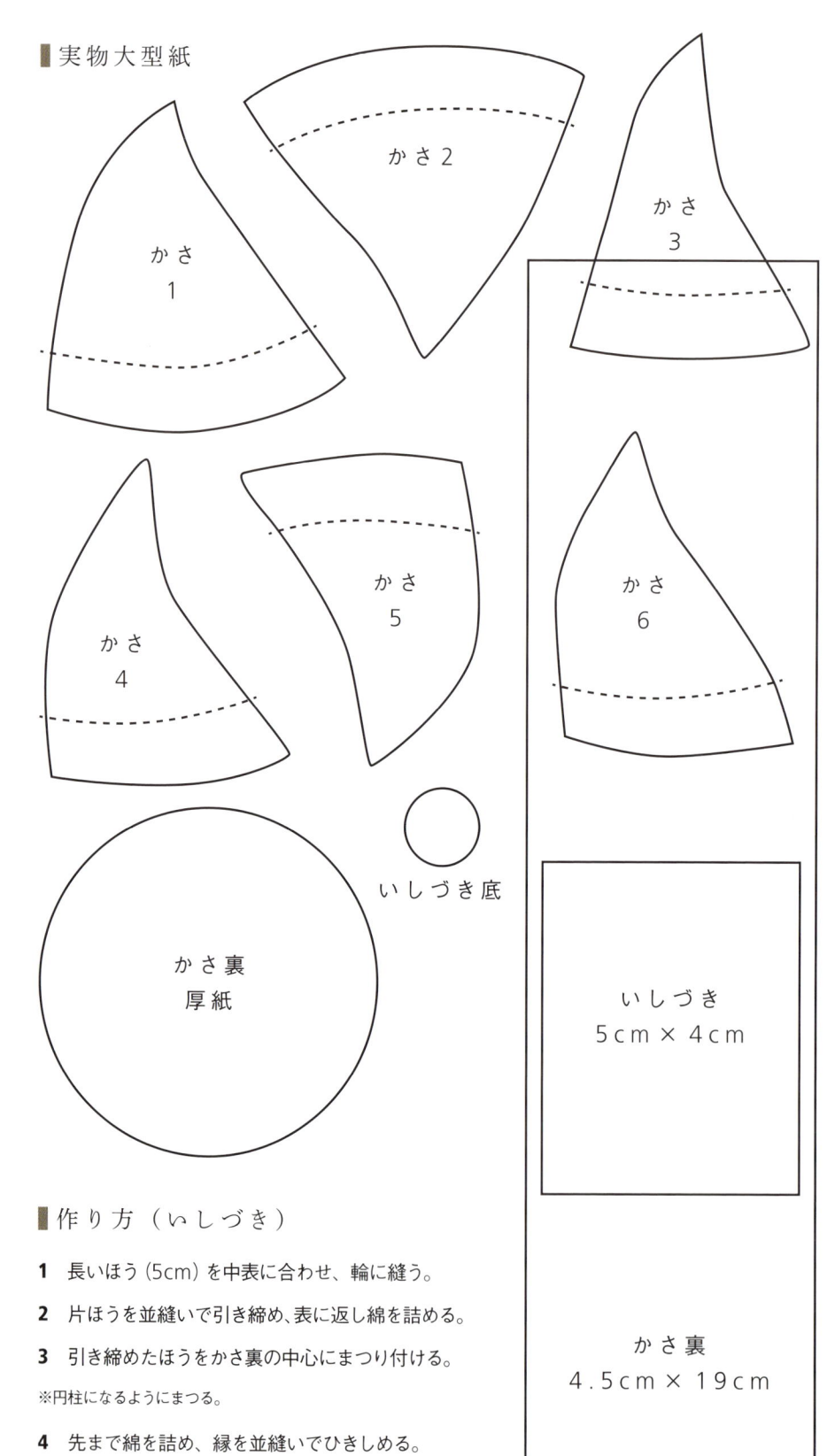

かさ2

かさ1

かさ3

かさ5

かさ4

かさ6

いしづき底

かさ裏
厚紙

いしづき
5cm×4cm

かさ裏
4.5cm×19cm

■ 作り方（いしづき）

1 長いほう（5cm）を中表に合わせ、輪に縫う。
2 片ほうを並縫いで引き締め、表に返し綿を詰める。
3 引き締めたほうをかさ裏の中心にまつり付ける。

※円柱になるようにまつる。

4 先まで綿を詰め、縁を並縫いでひきしめる。
5 底布に両面テープを貼り、丸く切り取り4の先に貼る。

しいたけ

■ data

たて 7cm 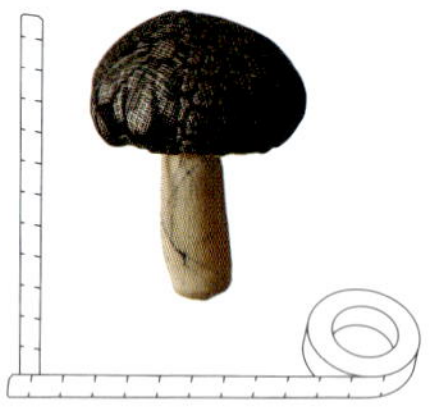
よこ 5cm

■ しいたけの由来

しいたけは免疫力を高めるといわれ、薬効があるとされる。とくに干ししいたけはビタミンDの含有量も多く、子どもに食べさせたいものの一つ。その願いを込めて作成。

■ 材料

かさ‥‥6枚
かさ裏　4.5cm×19cm
いしづき　4cm×5cm
いしづき底　直径1cm
かさ裏（厚紙）　直径5cm
綿

■ 作品のパーツ

[かさ2枚]

[かさ裏　厚紙]

[いしづき]

[いしづき底]

[かさ裏]

■ 作り方（かさ）

1　接着芯を貼る。

2　型紙に3ミリの縫い代を付けて裁つ。

3　1と2、2と3の3枚を縫い合わせる（反返し縫い）。

4　4と5、5と6の3枚を縫い合わせる。

5　3と4を縫い合わせる。

6　かさ裏生地の短いほう（4.5cm）を中表に合わせ、輪に縫う。

7　輪の一端を並縫いして、引き絞る。

8　もう一端を並縫いし、厚紙（円）をくるみバレン状に引き締める。

9　5の周囲を並縫いする。糸は切らず、針もつけたままにしておく。

10　かさの点線の位置まで綿を入れ、8と外表にあわせ、9の糸をひきしめる。

11　かさの周囲の縫い代を内側に折り込み、かさ裏にまつりつける。

■ 作品のパーツ

[芯　2枚]

[葉　縫い代なし]

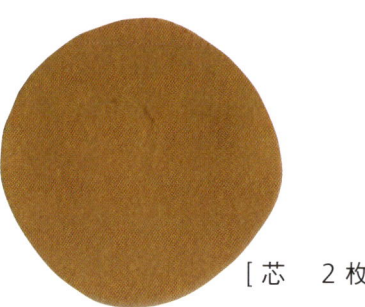

[花びら用紐]

紐の作り方

布を正バイアスに取り二つに折って端をミシンで縫い筒状にする。長さが足りない場合は、先に継ぎ足しておく。求める長さが出来たらひっくり返す。クイックターンを使ってもいいが、入らない場合は針を使う。

菊

data

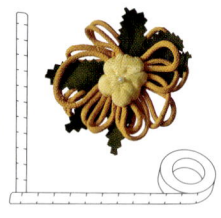

たて **7.5cm**
よこ **7.5cm**

菊の由来

菊は日本の皇室の象徴であり、格調高く式典にも使われる。また、長寿の薬草として使われたことから、「延命長寿、安泰、厄除け」などを願い飾られる。

材料

芯（直径4cm）‥‥2枚
葉‥‥2枚
花びら用紐　3mmの紐を75cm
綿

■ 作品のパーツ

[目]

[紐]

■ 作り方

1. 6mmの紐を10cm、それを3本用意する。
2. 2本は輪にして縫い留め、羽にする。
3. 残りの1本で羽を包み、胴体と尾にする。
4. 目にビーズをつけて出来上がり。

紐とんぼ

data

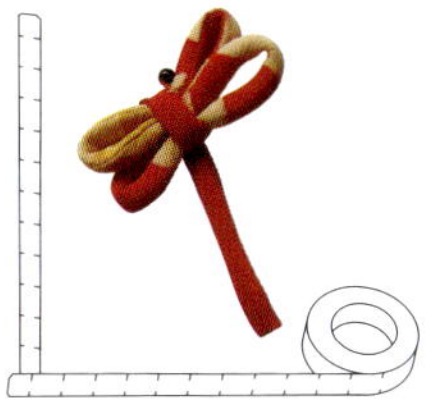

たて 4cm
よこ 4cm

■ とんぼの由来

童謡で「夕焼け小焼けの赤とんぼ」と歌われるように、赤とんぼは幼い頃の郷愁を誘う。幸せな親子の情景がいつまでも続くようにとの願いを込めて。

■ 材料

ビーズ‥‥2個（目）
6mmの紐 10cm‥‥3本

■ 実物大型紙

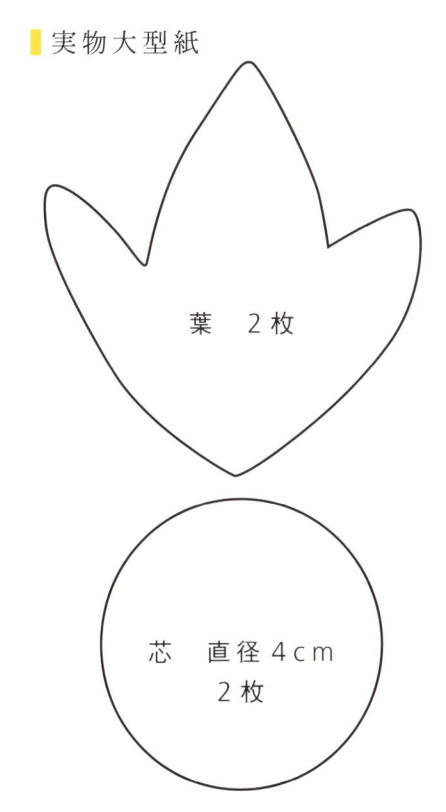

葉 2枚

芯 直径4cm 2枚

■ 菊のバリエーション

葉の付け方を変えてもいい。

■ 作り方

芯
1. 芯の周りをぐし縫いし綿を軽く詰めて絞る。
2. 中心から糸を出し8等分に糸をかける。

花
1. 3mmの紐（バイアス）75cmを縫って使う。
2. 花の形を作りながら花芯の裏にとじつける。

葉
1. ピンキングはさみで形よく切りながら、紐花の裏にとじつける。
2. 花と芯を二つ同じものを作って、葉を挟んで縫い留める。

■実物大型紙

綿

直径11cmの円

へたのつけ方

かぼちゃ

data

たて 4.5cm
よこ 4.5cm

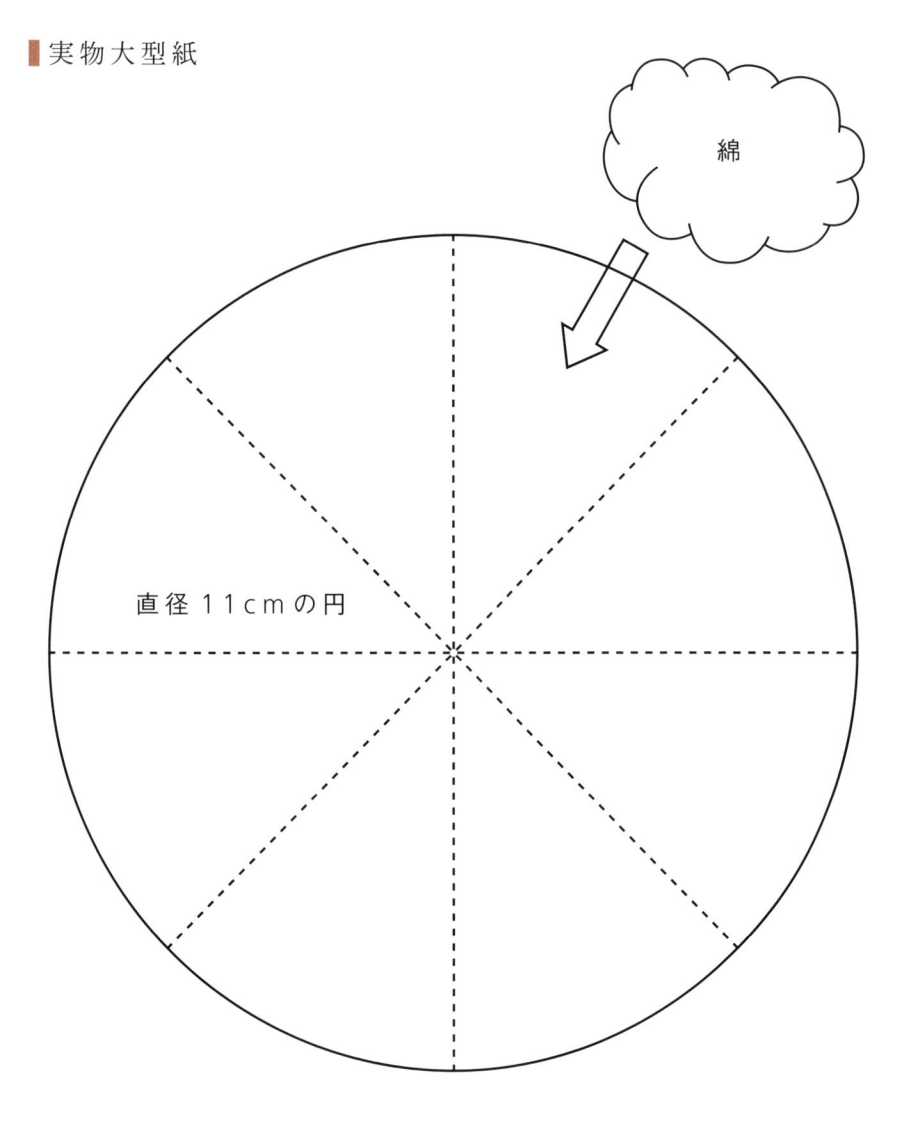

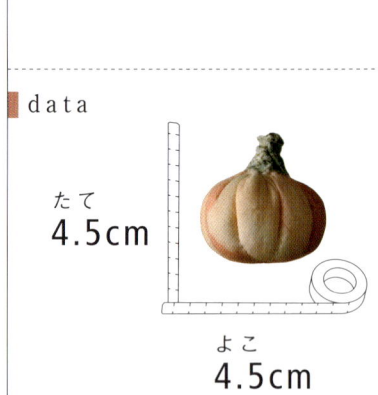

■かぼちゃの由来

秋の味覚のひとつであるかぼちゃは、栄養価が高いため、滋養強壮の野菜として、昔から薬にも用いられてきた。季節を表すだけでなく、無病息災の意味も。

■材料

直径11cmの円⋯2枚
5mm幅の紐 10cm
綿

■作品のパーツ

中に毛糸2本入る

[5mm幅の紐]

[実]

[実]

縫い縮めた形

周りをぐし縫いし、縫い絞る。

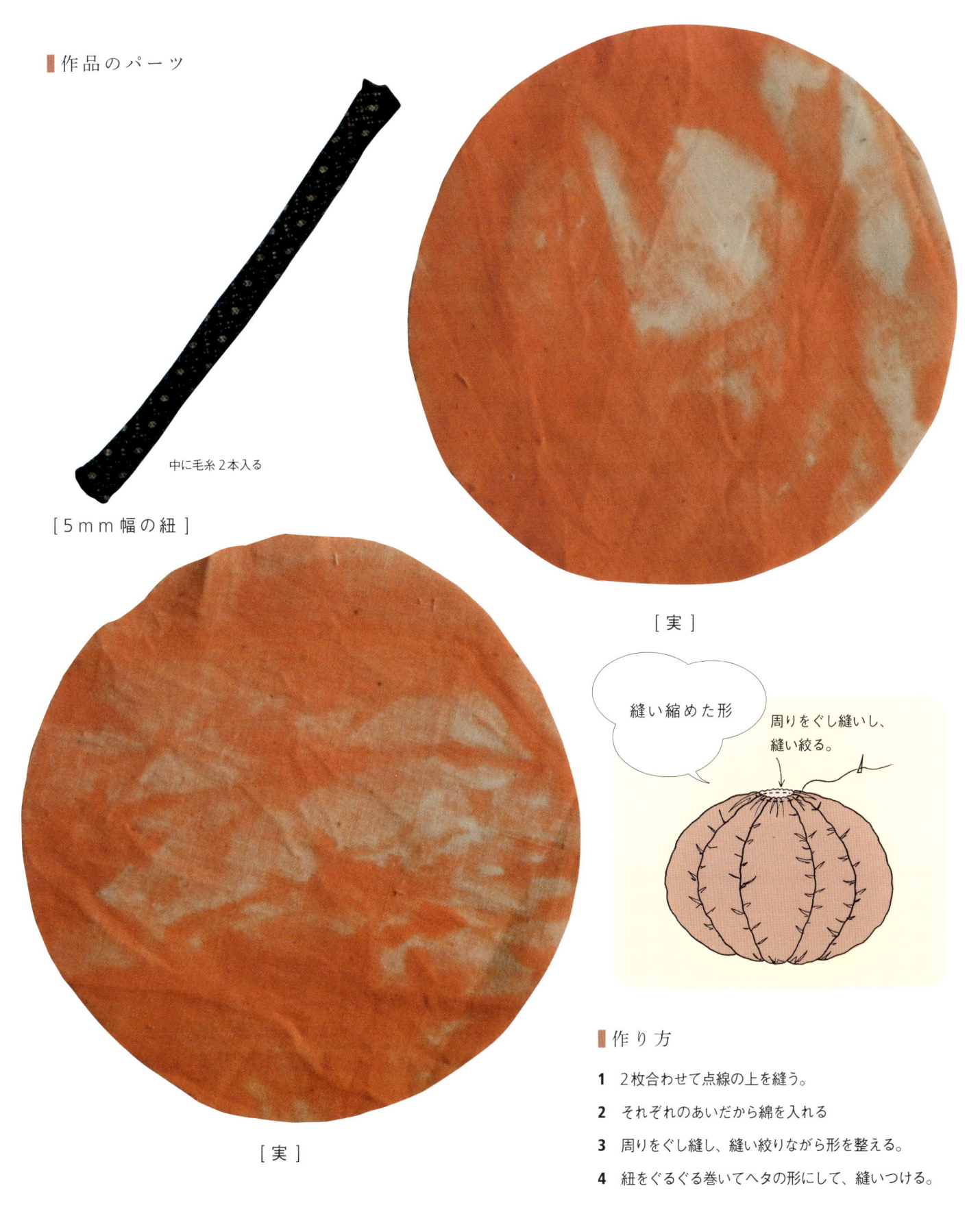

■作り方

1 2枚合わせて点線の上を縫う。

2 それぞれのあいだから綿を入れる

3 周りをぐし縫し、縫い絞りながら形を整える。

4 紐をぐるぐる巻いてヘタの形にして、縫いつける。

■ 実物大型紙

[顔] / [手] / [足] 返し口 / 胴体

■ 作品のパーツ

[足] [手] [顔]

[紐]

[胴体]

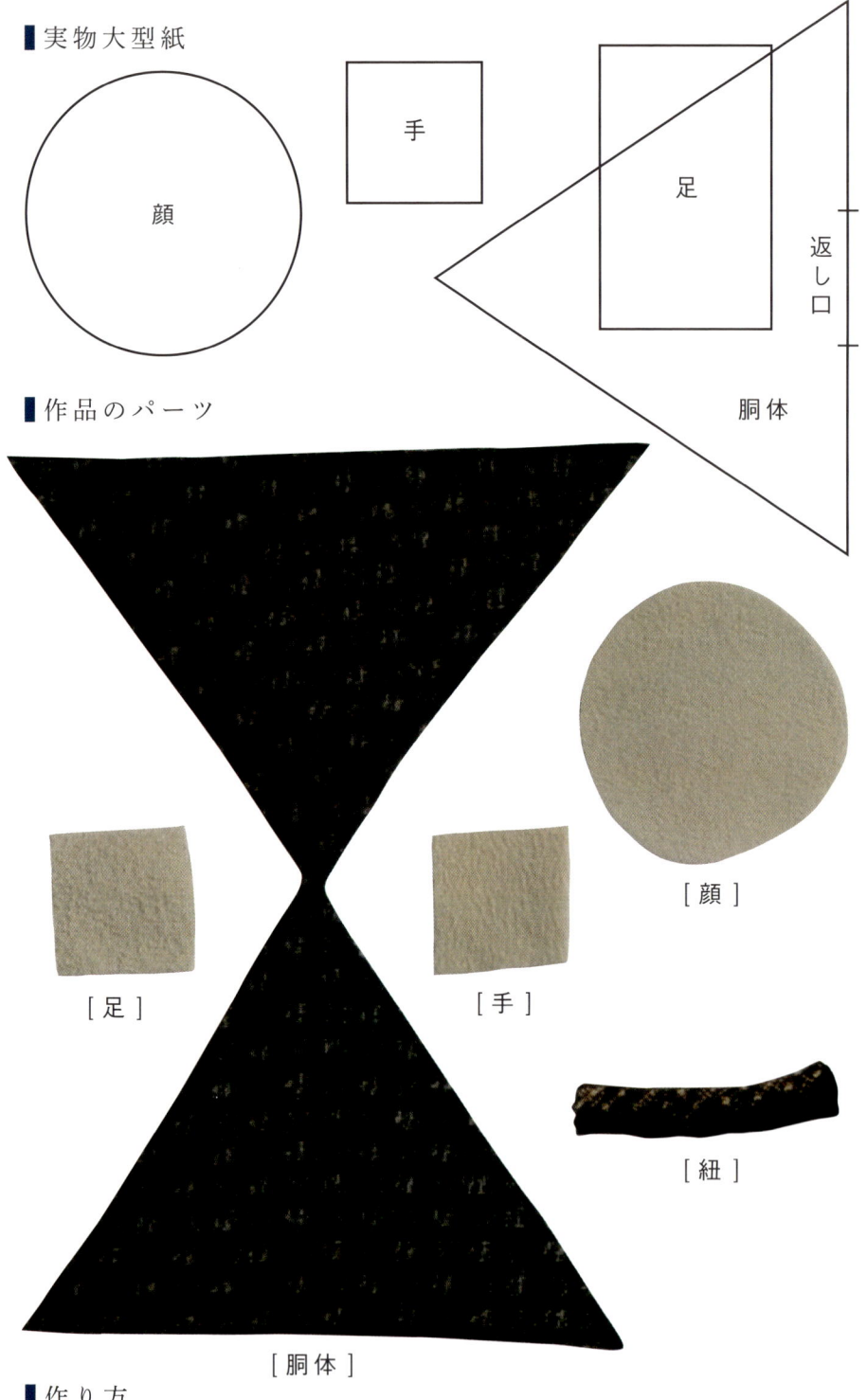

■ 作り方

顔
1　周りをぐし縫いし、綿を入れて縫い縮める。
2　顔の刺しゅうをする。

手　三角に三角に折る。

足　紐にして、中に毛糸を通すか綿を入れても良い。

体　手、足を挟んで、周りを縫い、返し口より表に返す。

仕上げ　体に顔をつける。

かかし

■ data

たて 6.5cm
よこ 6.5cm

■ かかしの由来

秋はお米の収穫の時。大切な米を雀たちに食べられないように、かかしを立てて侵入を防ぐ。農耕民族である日本人にとってかかしは友だちだ。

■ 材料

顔　直径4cm
胴体‥‥2枚
手　2cm角
足　2.5cm×4cm
綿
刺しゅう糸
紐　4cm

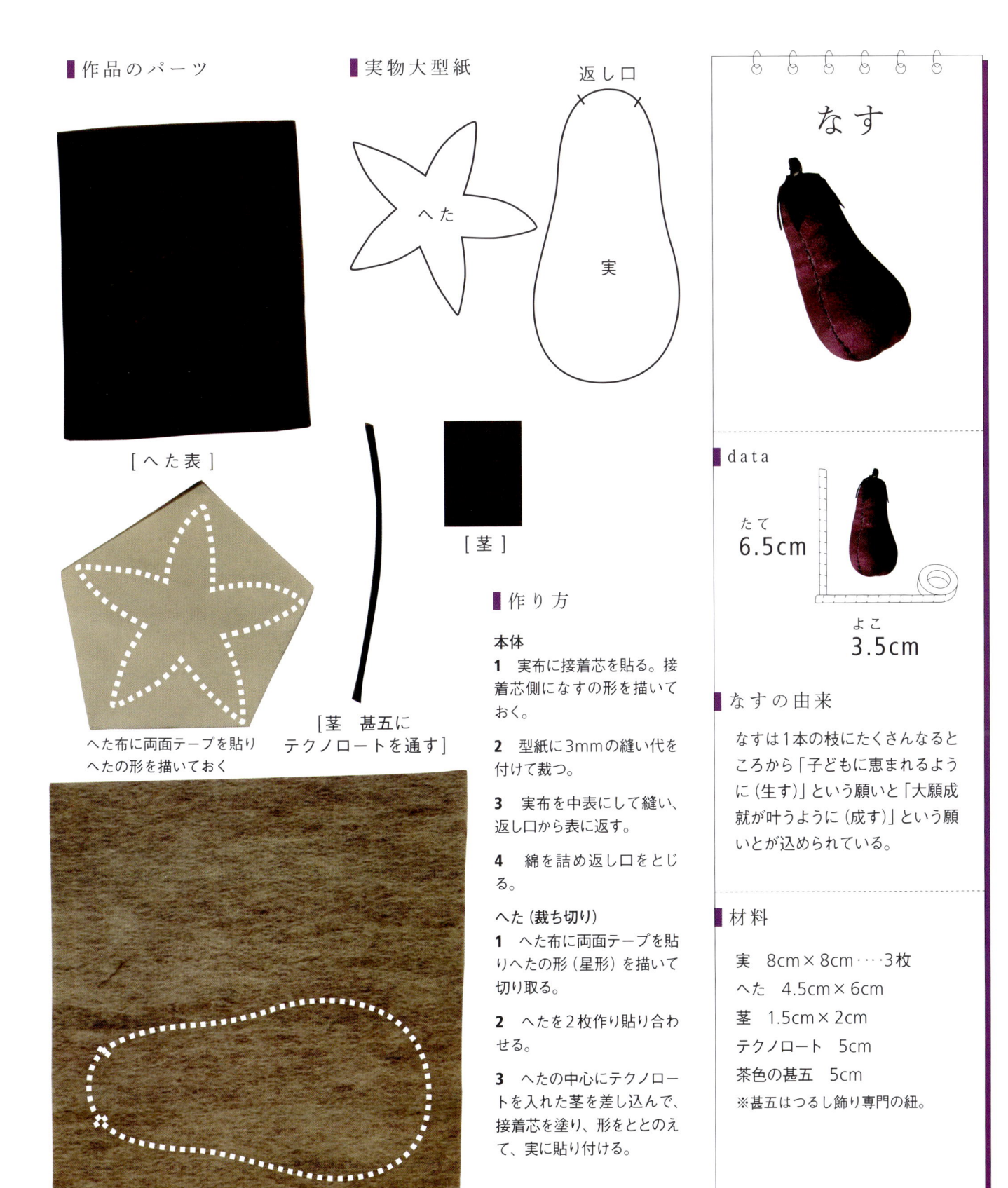

■作品のパーツ　　■実物大型紙

返し口

へた

実

[へた表]

へたに両面テープを貼り
へたの形を描いておく

[茎 甚五に
テクノロートを通す]

[茎]

■作り方

本体

1　実布に接着芯を貼る。接着芯側になすの形を描いておく。

2　型紙に3mmの縫い代を付けて裁つ。

3　実布を中表にして縫い、返し口から表に返す。

4　綿を詰め返し口をとじる。

へた（裁ち切り）

1　へた布に両面テープを貼りへたの形（星形）を描いて切り取る。

2　へたを2枚作り貼り合わせる。

3　へたの中心にテクノロートを入れた茎を差し込んで、接着芯を塗り、形をととのえて、実に貼り付ける。

[実裏 3枚　布に芯を貼り、裏になすの形を描いておく]

なす

■data

たて
6.5cm

よこ
3.5cm

■なすの由来

なすは1本の枝にたくさんなるところから「子どもに恵まれるように（生す）」という願いと「大願成就が叶うように（成す）」という願いとが込められている。

■材料

実　8cm×8cm‥‥3枚
へた　4.5cm×6cm
茎　1.5cm×2cm
テクノロート　5cm
茶色の甚五　5cm
※甚五はつるし飾り専門の紐。

■ 実物大型紙

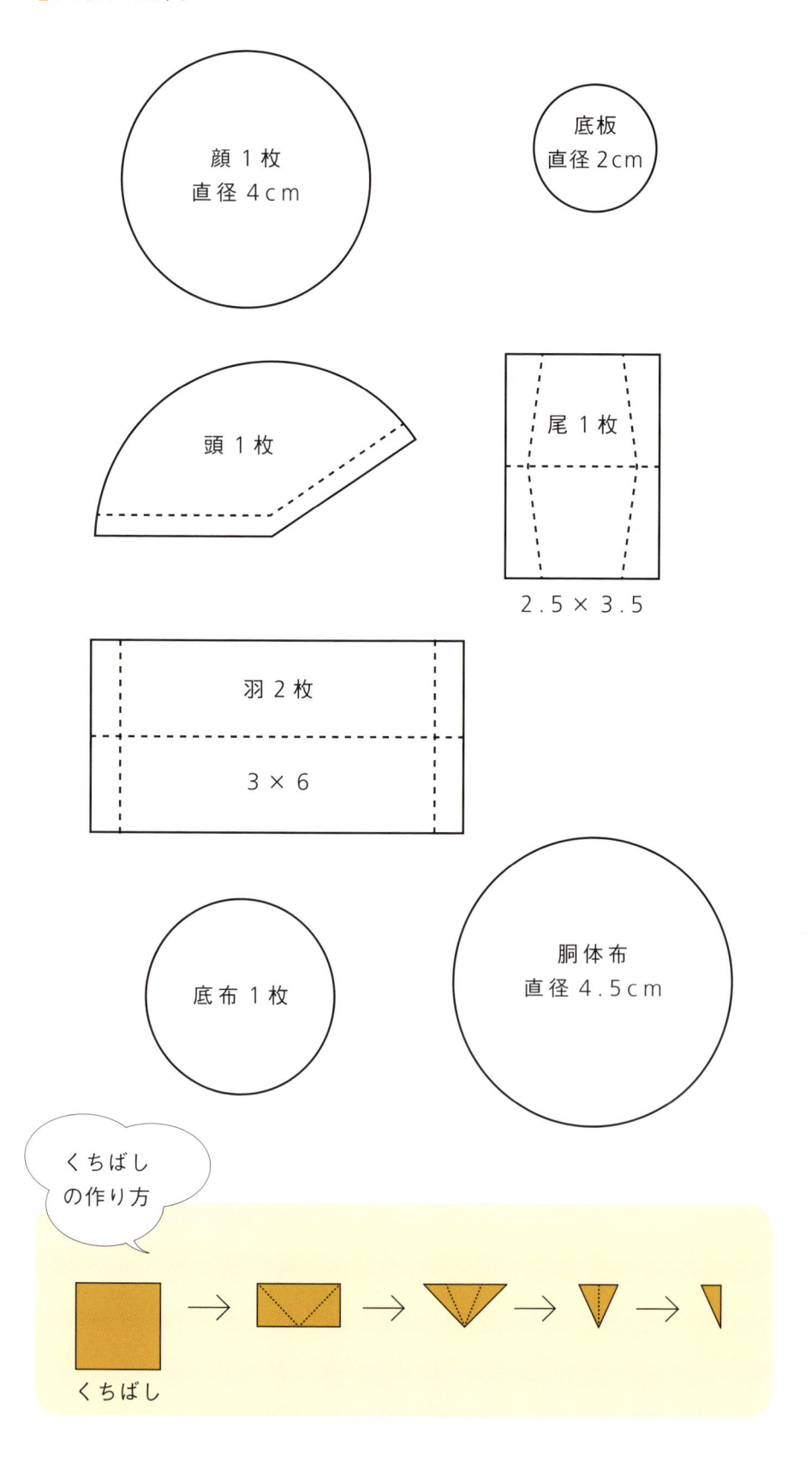

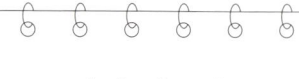

顔 1枚
直径 4cm

底板
直径 2cm

頭 1枚

尾 1枚
2.5×3.5

羽 2枚
3×6

底布 1枚

胴体布
直径 4.5cm

くちばし
の作り方

くちばし

福良雀

data

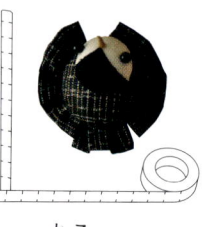

たて 4.5cm
よこ 4.5cm

福良雀の由来

晴れ着の帯結びの名前に「福良雀」とついているように、まるまる太った雀は福を招く縁起物とされている。五穀豊穣を表し、食べ物に困らないとの意味も。

材料

顔　直径4cm‥‥1枚
頭　扇形‥‥1枚
羽　3cm×5cm‥‥2枚
底布　直径3cm‥‥1枚
底板　厚紙　直径2cm‥‥1枚
発砲ボール半球　直径2cm
胴体布　直径4.5cm‥‥1枚
尾　2.5cm×3.5cm‥‥1枚
くちばし　2cm×2cm‥‥1枚
目　ビーズ‥‥2個
綿

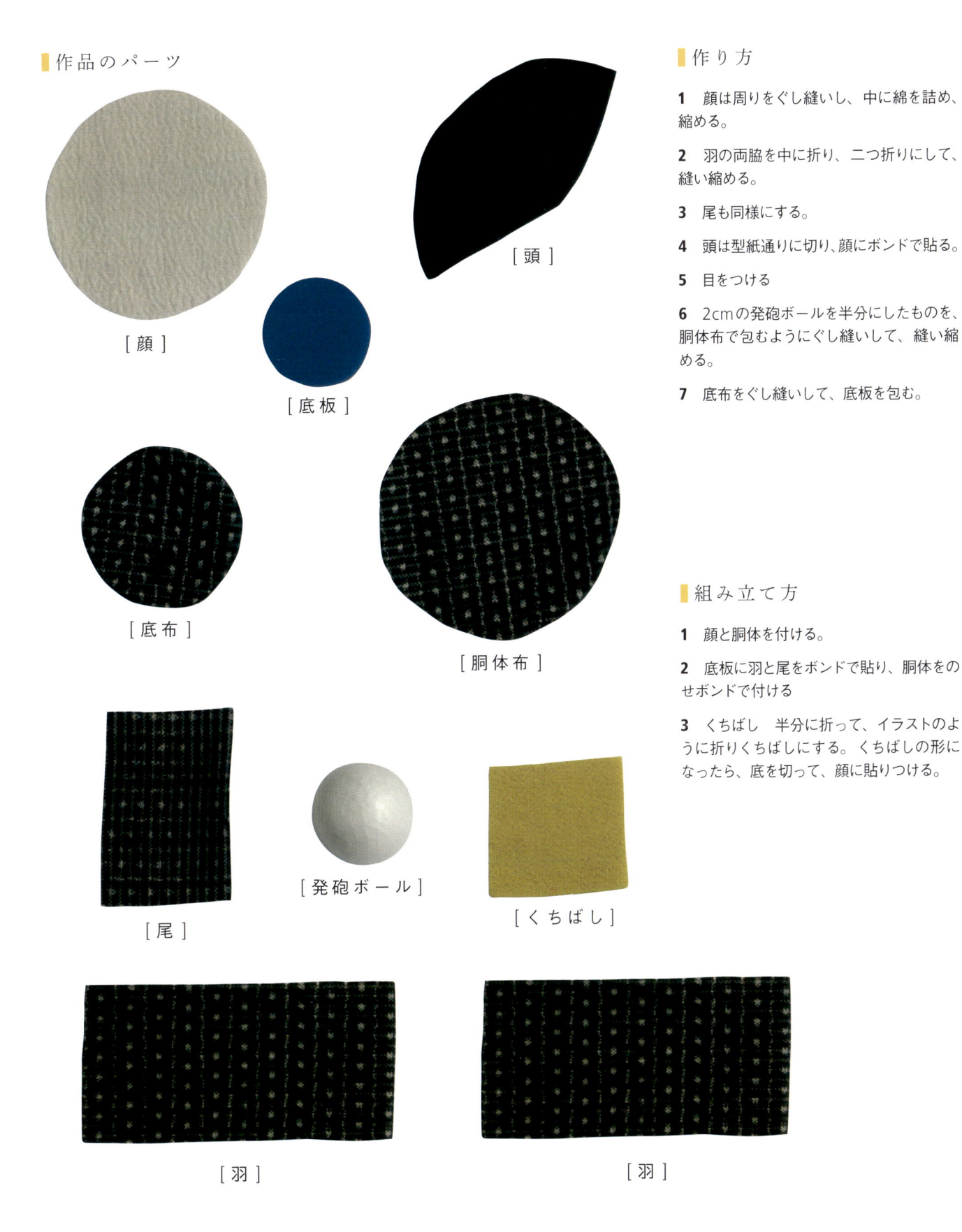

■作品のパーツ

[顔]

[頭]

[底板]

[底布]

[胴体布]

[尾]

[発砲ボール]

[くちばし]

[羽]

[羽]

■作り方

1 顔は周りをぐし縫いし、中に綿を詰め、縮める。

2 羽の両脇を中に折り、二つ折りにして、縫い縮める。

3 尾も同様にする。

4 頭は型紙通りに切り、顔にボンドで貼る。

5 目をつける

6 2cmの発砲ボールを半分にしたものを、胴体布で包むようにぐし縫いして、縫い縮める。

7 底布をぐし縫いして、底板を包む。

■組み立て方

1 顔と胴体を付ける。

2 底板に羽と尾をボンドで貼り、胴体をのせボンドで付ける

3 くちばし　半分に折って、イラストのように折りくちばしにする。くちばしの形になったら、底を切って、顔に貼りつける。

■実物大型紙

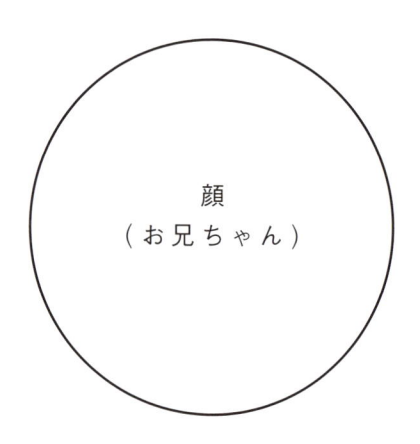

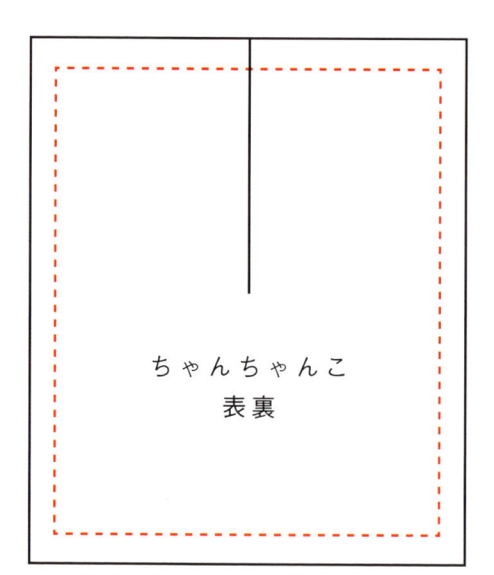

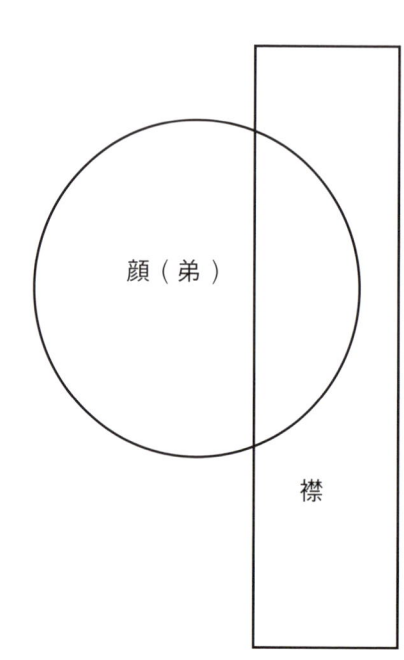

顔
(お兄ちゃん)

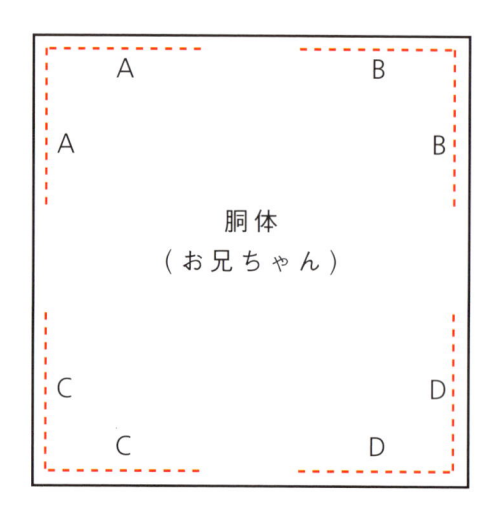

胴体
(お兄ちゃん)
A　　B
A　　B
C　　D
C　　D

ちゃんちゃんこ
表裏

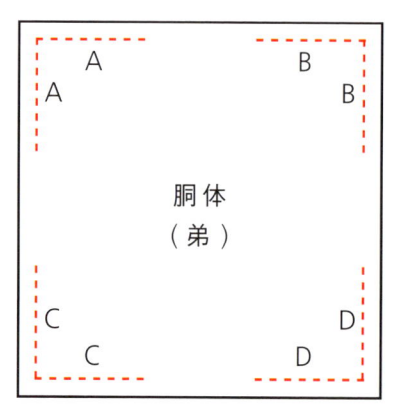

胴体
(弟)
A　　B
A　　B
C　　D
C　　D

顔(弟)

襟

お兄ちゃん

■data
たて 7cm
よこ 4.5cm

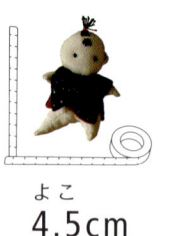

■材料
顔　直径5cm
胴体　6cm×6cm
襟　2cm×8cm‥‥2枚
ちゃんちゃんこ　6cm×6cm‥‥2枚
綿

弟

■data
たて 4.5cm
よこ 4.5cm

■材料
顔　直径4.5cm
胴体(弟)　5cm×5cm
襟　2cm×8cm‥‥2枚
ちゃんちゃんこ　6cm×6cm‥‥2枚
紐　3mm×10cm
綿

■作り方(お兄ちゃんと弟)

胴体　表布と裏布を重ねてAとA・BとB・CとC・DとDを縫い合わせ、縫い残した真ん中からひっくり返し綿を入れて閉じる

顔　周りをぐし縫いして、綿を入れて縫い縮める。目・口.髪の毛を刺しゅうする。

ちゃんちゃんこ　赤線のところを縫い、返して、襟をまつる(兄弟同サイズ)。

仕上げ　体に顔をつけ、ちゃんちゃんんこを着せて、赤紐を結んで付ける。

■作品のパーツ

[顔(お兄ちゃん)]

[ちゃんちゃんこ表]

[襟　2枚]

[胴体(お兄ちゃん)]

[顔(弟)]

[紐]

[胴体(弟)]

[ちゃんちゃんこ裏]

■ 作品のパーツ
（実物大の90％の縮尺で入ってます）

■ 実物大型紙

[台紙 2 枚]

もみじ

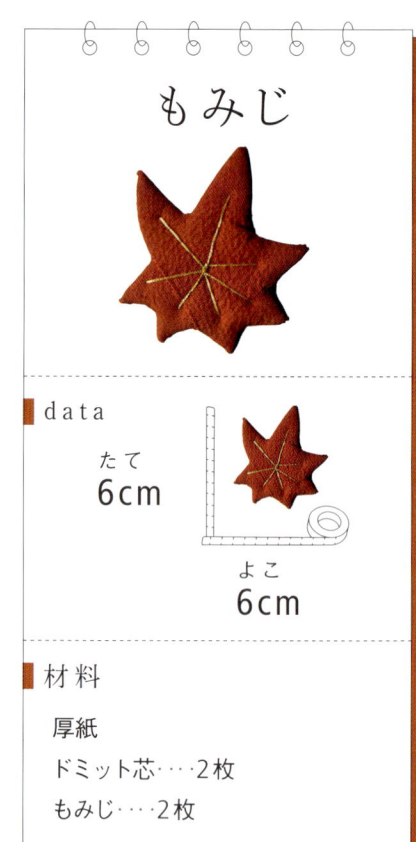

■ data
たて 6cm
よこ 6cm

■ 材料
厚紙
ドミット芯‥‥2枚
もみじ‥‥2枚

■ 作品のパーツ
（実物大の90％の縮尺で入ってます）

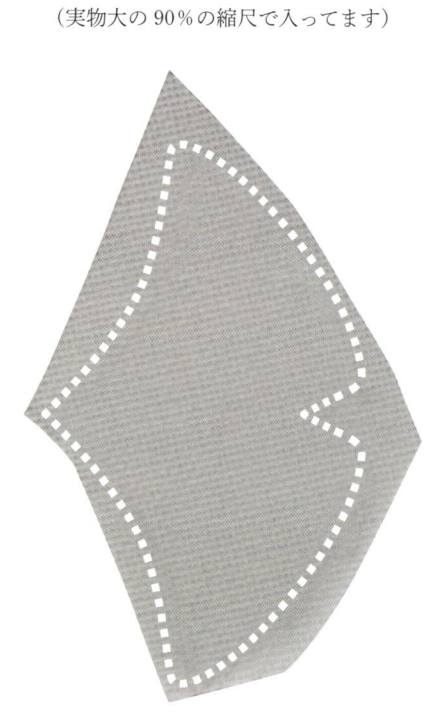

■ 実物大型紙

■ 作り方

1 厚紙の表にドミット芯を貼り、裏に反転した型紙を貼り、型紙通りに切りぬく。

2 切り抜いた型紙よりのり代分（0.5cm程）をつけて大きく布を切り、厚紙を包む。

3 2枚作り、表裏に貼り合わせる。

[台紙 2 枚]

いちょう

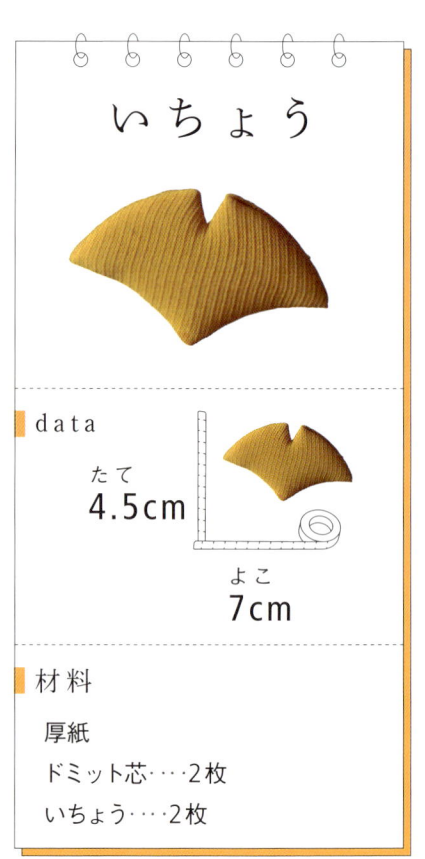

■ data
たて 4.5cm
よこ 7cm

■ 材料
厚紙
ドミット芯‥‥2枚
いちょう‥‥2枚

62

[もみじ　表裏各1枚]

[もみじドミット芯2枚]

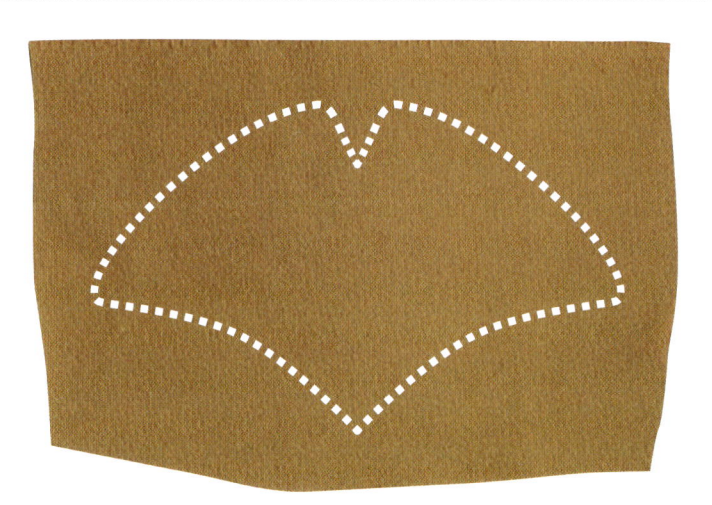

[いちょう　表裏各1枚]

[いちょうドミット芯2枚]

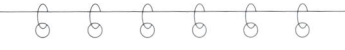

もみじの由来

春の桜と並んで秋の紅葉も日本の季節を彩る自然の恵みだ。もみじのような手というように、子どもの手の可愛さを表現する。その赤の鮮やかさは桜に負けない美である。

いちょうの由来

いちょうの寿命は長く、千年も続くいちょうが神社やお寺の境内にはよく見られることから、健康長寿の象徴とされている。並木にも使われ、都会の風物詩となっている。

■ 実物大型紙

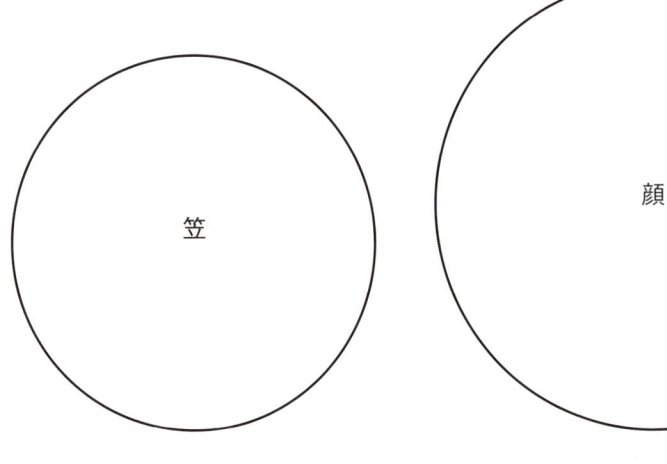

笠

顔

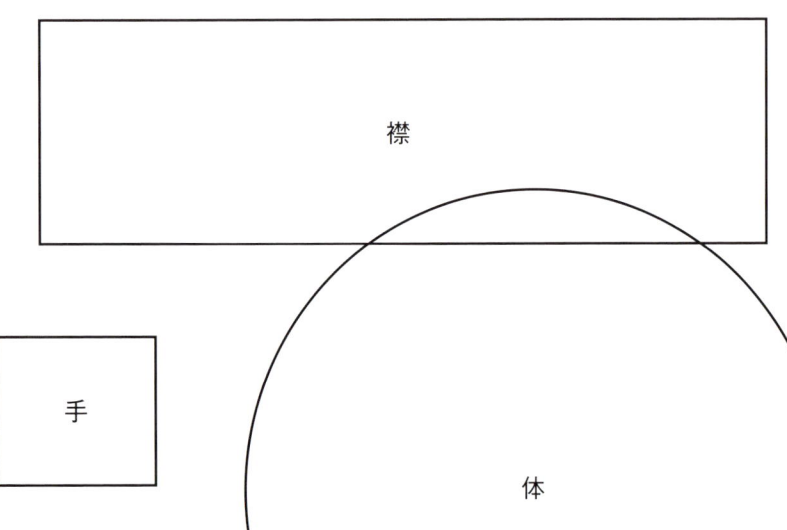

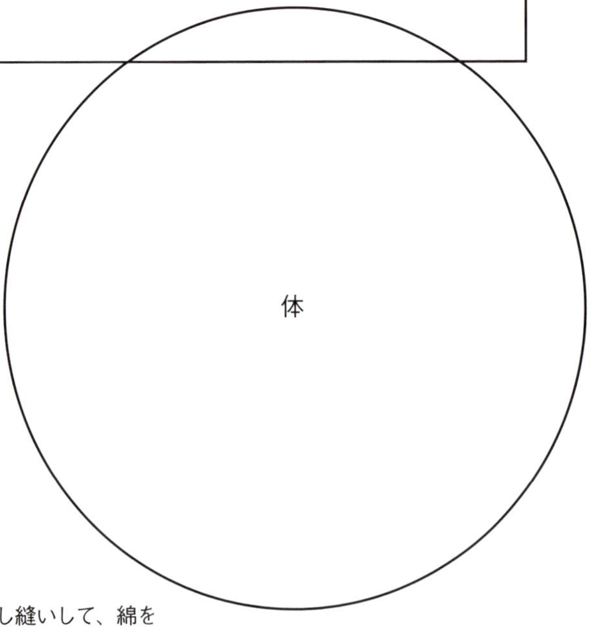

襟

手

体

袖

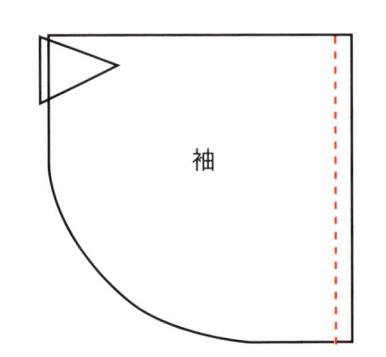

まんまる地蔵

▌data

たて 5cm
よこ 4cm

■ まんまる地蔵の由来

「お地蔵さん」として親しまれる地蔵は「子供の守り神」と信じられており、よく子供が喜ぶお菓子が供えられている。本来は仏教の信仰対象である地蔵菩薩のこと。

■ 材料

顔　直径6cm‥‥1枚
体　直径8cm‥‥1枚
笠用の厚紙
紐‥‥適宜
襟　3cm×10cm‥‥1枚
手　2cm×2.2cm‥‥2枚
袖　4cm×4.5cm‥‥2枚
綿

■ 作り方

1　顔と体はそれぞれ周りをぐし縫いして、綿を入れて、縫い絞る。

2　襟は脇を合わせて上下二つ折りにしてぐし縫いして、縫い絞る。

3　笠は切り込みを入れて、ボンドで止め、紙紐を貼る。

4　手を2回三角に折り、袖に挟み込んで、赤線の部分を残し中表に縫い、返して、返し口のところは中に折り込み、ボンドで軽く留める。

5　アクリル絵の具で顔を書く。

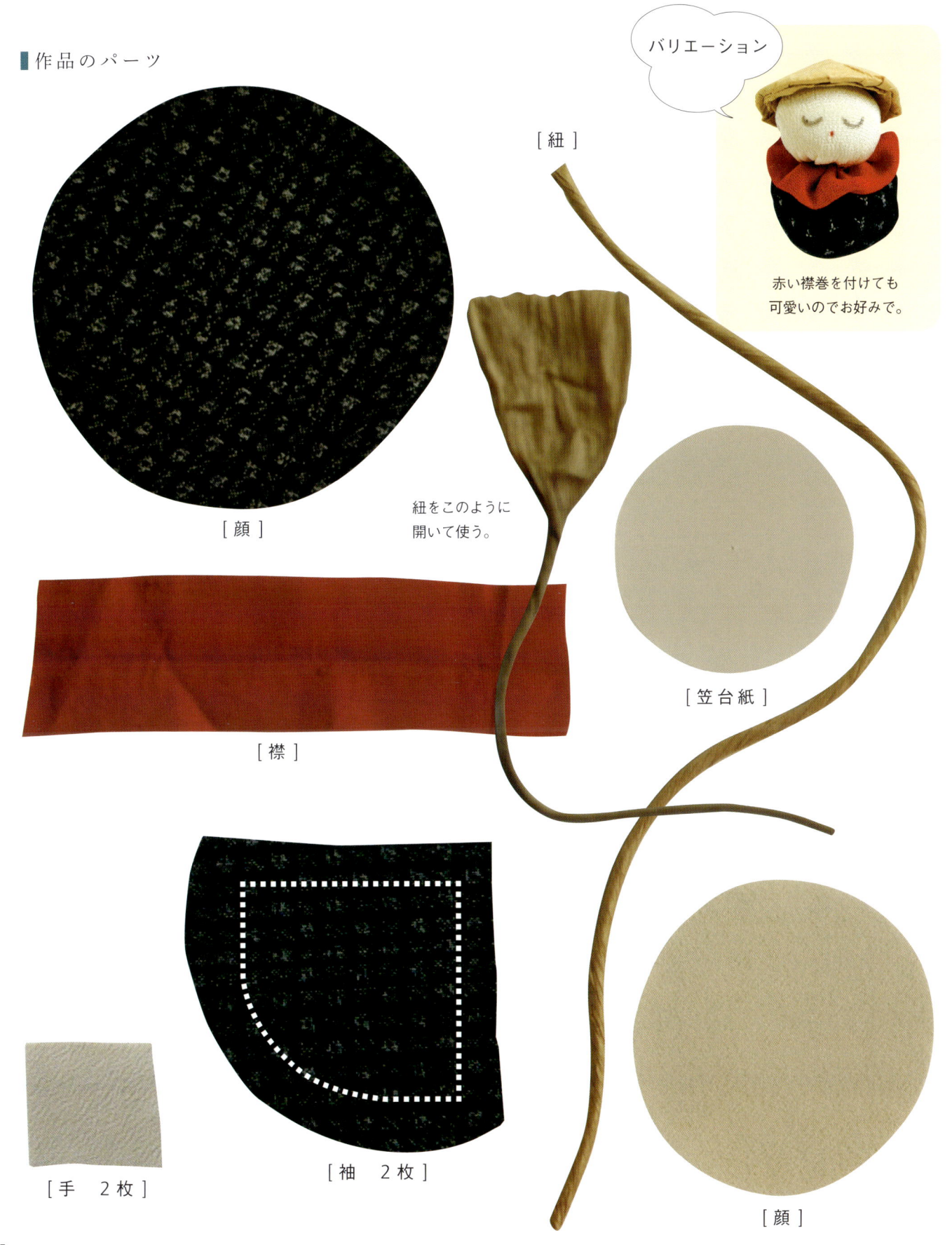

■作品のパーツ

[紐]

バリエーション

赤い襟巻を付けても
可愛いのでお好みで。

[顔]

紐をこのように
開いて使う。

[笠台紙]

[襟]

[手　2枚]　　[袖　2枚]

[顔]

■作品のパーツ

[へた] 　[へた]

[実]

[実]

[紐]

■実物大型紙

実

へた

■作り方

実
1　実は周りをぐし縫して、綿を入れて絞る。
2　ヘタに紐を通し、縫い合わせる。

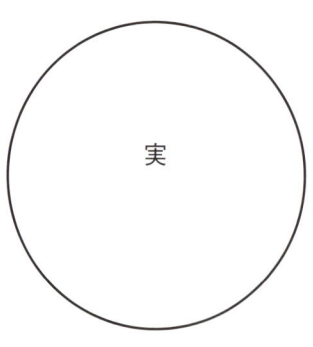

へたの作り方

中心

綿　中心

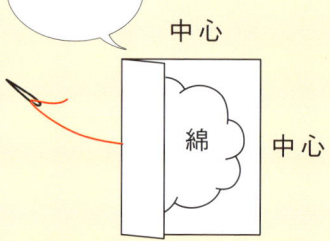

1　中心に合わせて折る。折り山の真ん中を針ですくう。

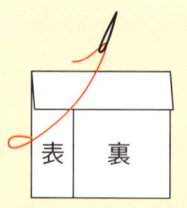

表　裏

2　次の辺も中心に合わせて折り、図のように折り山をすくう。このように4辺をすくう。

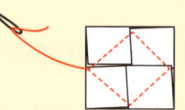

完成

3　4辺をすくったら糸を引き絞る。

どんぐり

■data

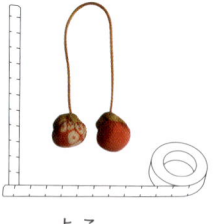

たて 1.5cm
よこ 1.5cm

■どんぐりの由来

どんぐりは子どもになじみの深い木の実。やじろべえやコマにしたり、アクセサリーにも使える。幼い頃どんぐりを拾った経験は、懐かしい思い出となっている。

■材料

実　直径4cm‥‥2枚
へた　3cm×3cm‥‥2枚
紐‥‥適量
綿

66

■ 実物大型紙

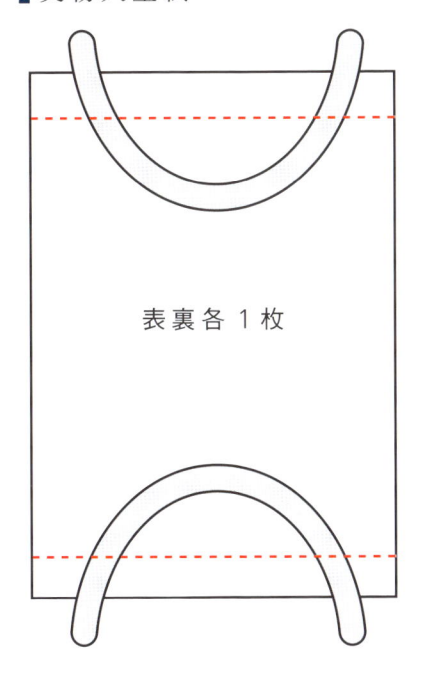

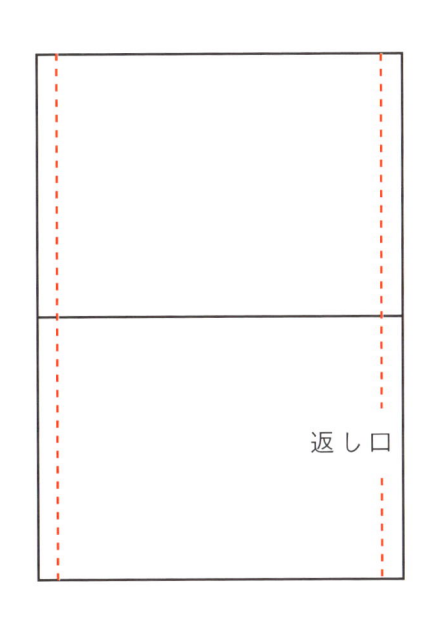

■ 作品のパーツ（実物大の80％の縮尺で入ってます）

[表布・絣]

[裏布・赤]

[持ち手]
市販の紐を使用。直系3mm

[花]

■ 作り方

1　表布と裏布を中表に重ねて、持ち手の紐を挟んで縫う。

2　真ん中から広げて脇を縫う。

3　マチを取る。

4　返してカバンの口を形よくぐし縫いで絞る。

5　花を付ける。

表裏各1枚

返し口

絣かばん

■ data

たて 5cm 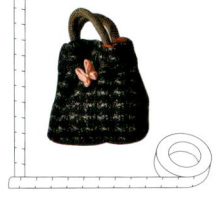
よこ 4.5cm

■ 絣かばんの由来

絣の布をかばんにしたら可愛いのではと思いついて作った。赤い布の裏が効いている。絣と赤の組み合わせは茶摘み娘の衣装などにも見られるよう、日本の伝統の美意識。

■ 材料

表布・絣　5cm×7cm‥‥1枚
裏布・赤　5cm×7cm
取っ手用紐　薬2cm
小花　お好みで

つるし飾りの作り方2

人形のつるし飾り

基本は9月のお月見に合わせうさぎ人形をつるしていますが、その中に文化人形も加え、賑やかに。好きなアイドル、AKBやサッカー選手などで作っても楽しいですね。

作品のパーツに描かれている白い点線は縫い線もしくは裁ち線を表しています。

作品掲載ページ→P26

つるし飾りの作り方 2

紐の文化人形→P.96	 マリーラビット→P.82	 赤ちゃん→P.77	 豆うさぎ→P.70
 文化人形琴ちゃん→P.98	 スカートうさぎブーケ付→P.86	 振袖うさぎ→P.78	 絣ねこ→P.72
 文化人形夢ちゃん→P.100	 あぶちゃんうさぎ→P.88	 おくるみ赤ちゃん→P.80	 赤ちゃんを抱いたうさぎ→P.74

[作り方の説明]

型紙は小さいものは実物大にしていますが、大きいものもあるので、その場合は製図になっています。長さをcmで表示しているので、それに合わせてご自分で型紙を作ってください。すべてのアイテムをキット通信販売していますので、ご希望の方は博多琴路までお問い合わせください。→P34参照

■ 実物大型紙

顔

しっぽ

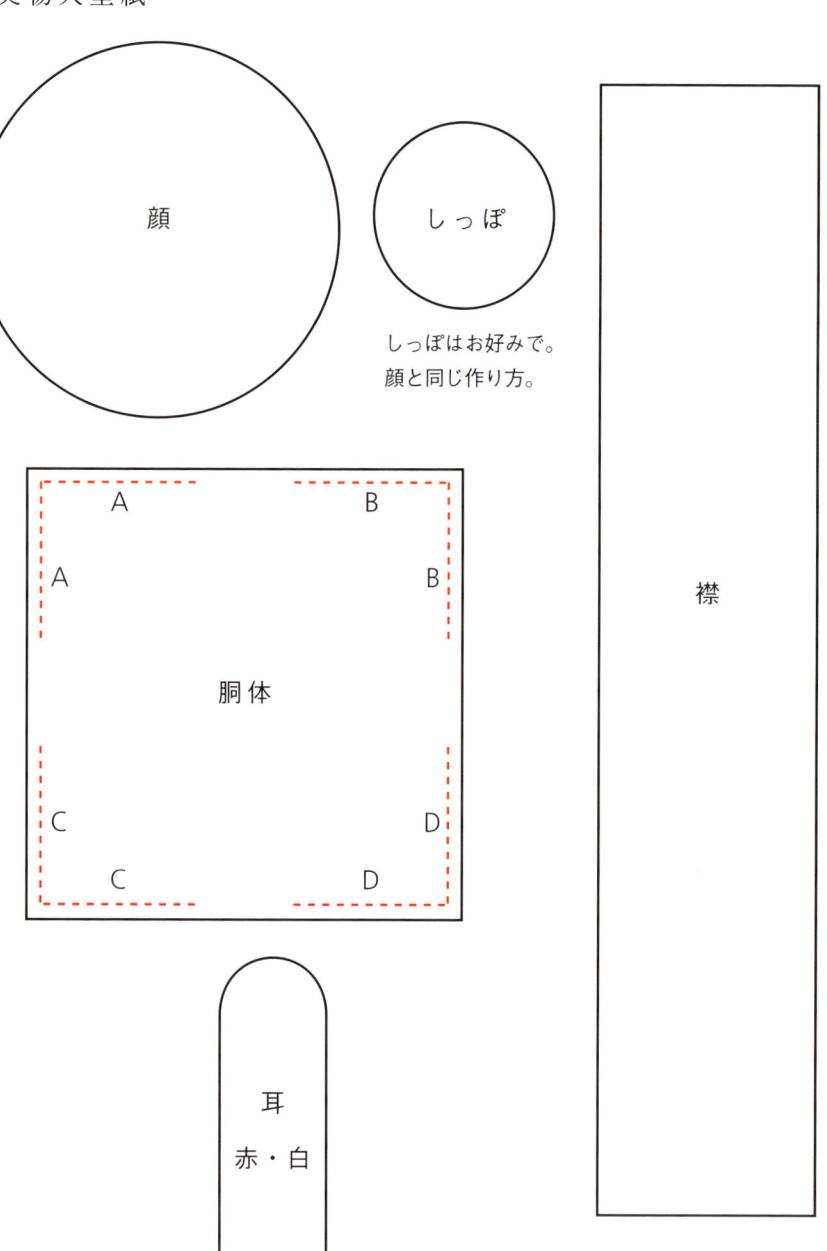

しっぽはお好みで。
顔と同じ作り方。

胴体
A　　　B
A　　　B
C　　　D
C　　　D

襟

耳
赤・白

■ 作り方

胴体　AとA・BとB・CとC・DとDを縫い合わせ縫い残した真ん中からひっくり返し綿を入れて閉じる。

顔
1　円の周りをぐし縫いして、綿を入れて縫い縮める。
2　目・口を刺しゅうする。ひげは好みでつける。

耳　赤と白を中表に合わせて縫って返す。

しっぽ　円の周りをぐし縫いして、綿を入れて縫い縮める。

仕上げ
1　顔に耳をつける。
2　襟は端を縫って輪にし、半分に折って縫い、ギャザーを寄せて首に巻く。
3　しっぽはお好みでつける。

豆うさぎ

■ data

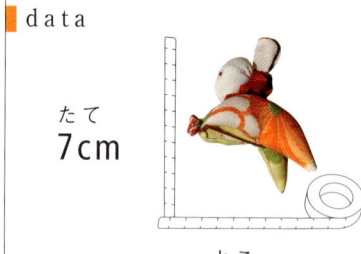

たて **7cm**
よこ **6.5cm**

■ 豆うさぎの由来

昔からうさぎは神様のお使いと言われ、飾り物として愛されてきた。飛躍象徴として、また、目が赤いところから呪力があり、病気を退治する力があるとも信じられている。人生上り坂の意味もある。

■ 材料

顔　直径5cm
しっぽ　直径2.5cm
胴体　6cm×6cm
襟　3cm×15cm
耳（赤・白）　1.5cm×4cm‥‥2枚
綿

■ 作品のパーツ

[襟]

[胴体]

[顔]

[耳]

耳は、表赤、裏白となっています

キットには顔の作ったものが入っています

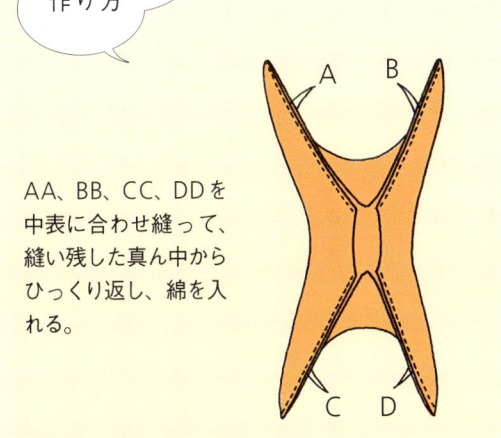

顔の作り方

胴体の作り方

AA、BB、CC、DDを中表に合わせ縫って、縫い残した真ん中からひっくり返し、綿を入れる。

■ 実物大型紙

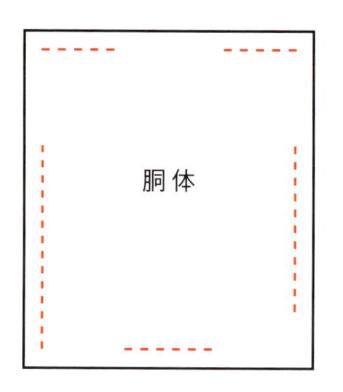

胴体

手 2 枚

耳 2 枚

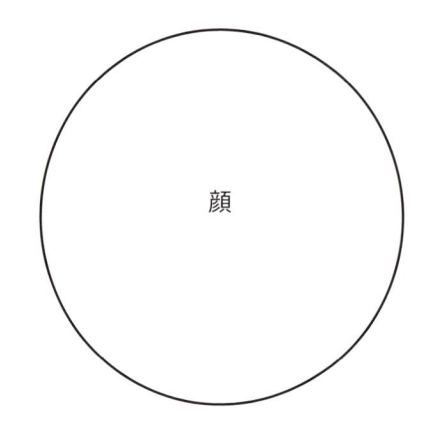

顔

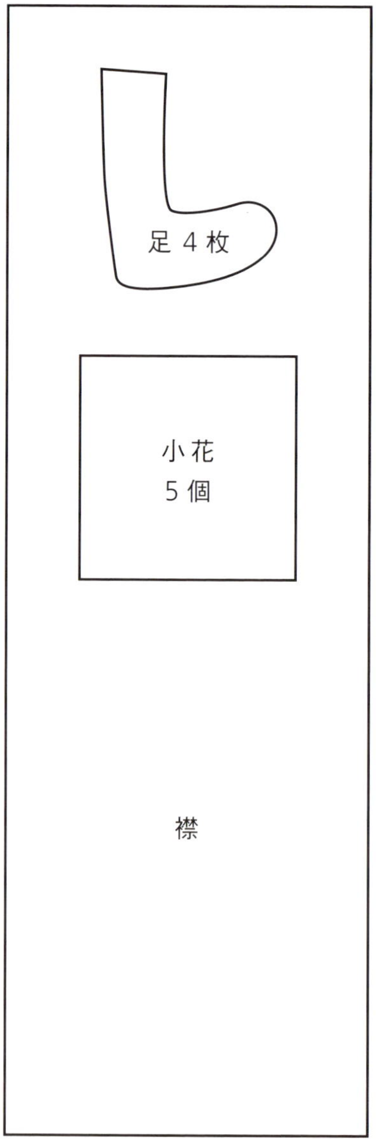

足 4 枚

小花 5 個

襟

絣ねこ

■ data

たて 10cm
よこ 4cm

■ 絣ねこの由来

今は大変なねこブーム。ねこグッズは可愛いものがいろいろな形で作られている。このねこは絣を着た田子作といった、ちょっとユーモラスに遊んで楽しいものにした。

■ 材料

顔　直径5cm
胴体　4cm×4.5cm
耳‥‥2枚　2cm×2cm
手‥‥2枚　2cm×3cm
足‥‥4枚
襟　5cm×15cm
小花5個　3cm×3cm
綿

■ 作り方

顔
1　周りをぐし縫して綿を入れて縫い縮める。
2　目、口、ヒゲを刺しゅうする。

耳
1　四角の布をボンドを付けて三角に折り、底辺にボンドを付けて、耳の形を作る。
2　耳のてっぺんを目打ちで抑えて、両端をぐいぐい引っ張る感じで。

手　半分に折って、手先をぐし縫して縫い縮め、返す

足　中表に縫い合わせ、返す。

襟　輪にして、半分に折り、荒くぐし縫して縫い縮める。

体
1　中表に合わせ、赤い点線を縫う。
2　手足を差込み縫い留める。

仕上げ
1　頭に耳をつける。
2　体に襟をつけて、耳のついた頭をつける。
3　ブーケや頭の花はお好みで。

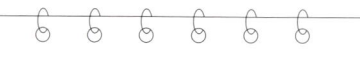

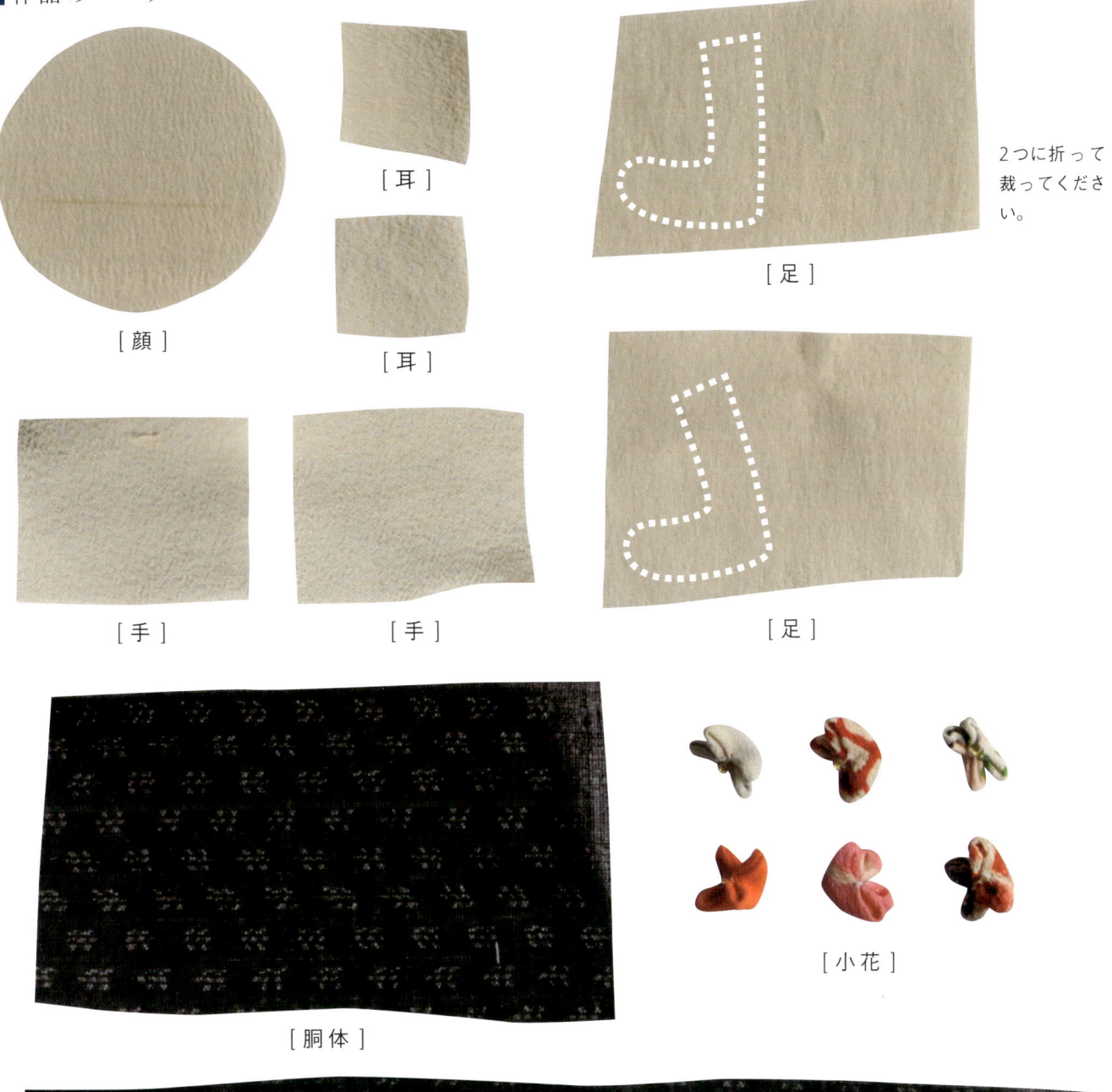

■作品のパーツ

[顔]

[耳]

[耳]

[足]

2つに折って裁ってください。

[手]

[手]

[足]

[胴体]

[小花]

[襟]

■ 実物大型紙

返し口

前身頃

頭

返し口

耳
表2枚
裏2枚

返し口

ちゃんちゃんこ

しっぽ

6cm

後ろ身頃
2枚

赤ちゃんを抱いたうさぎ

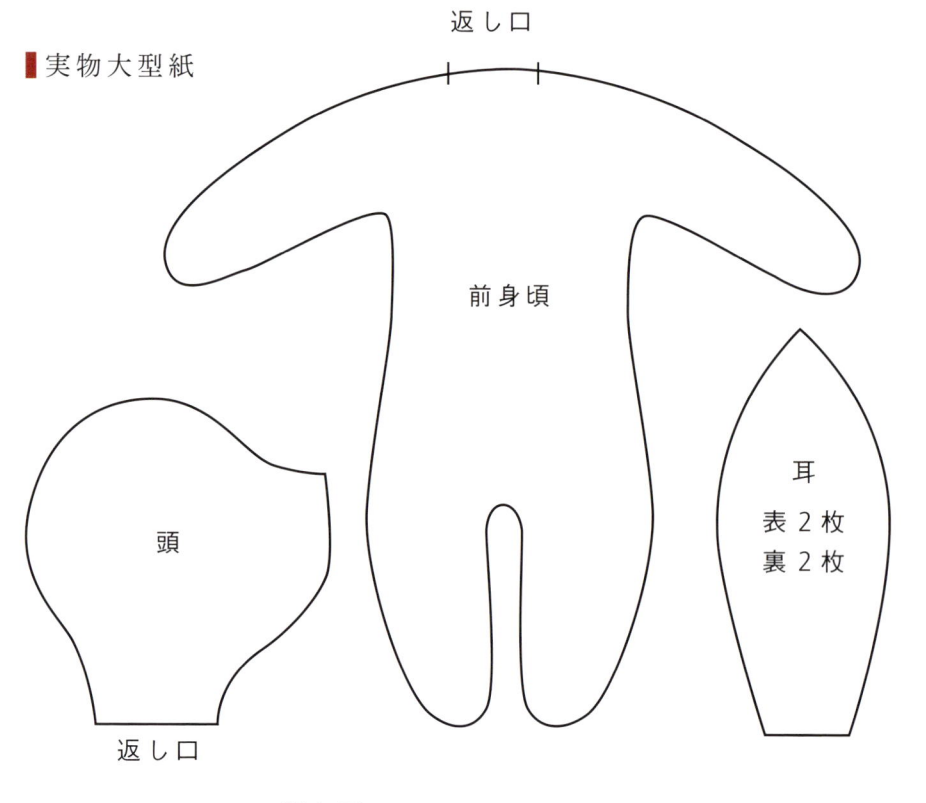

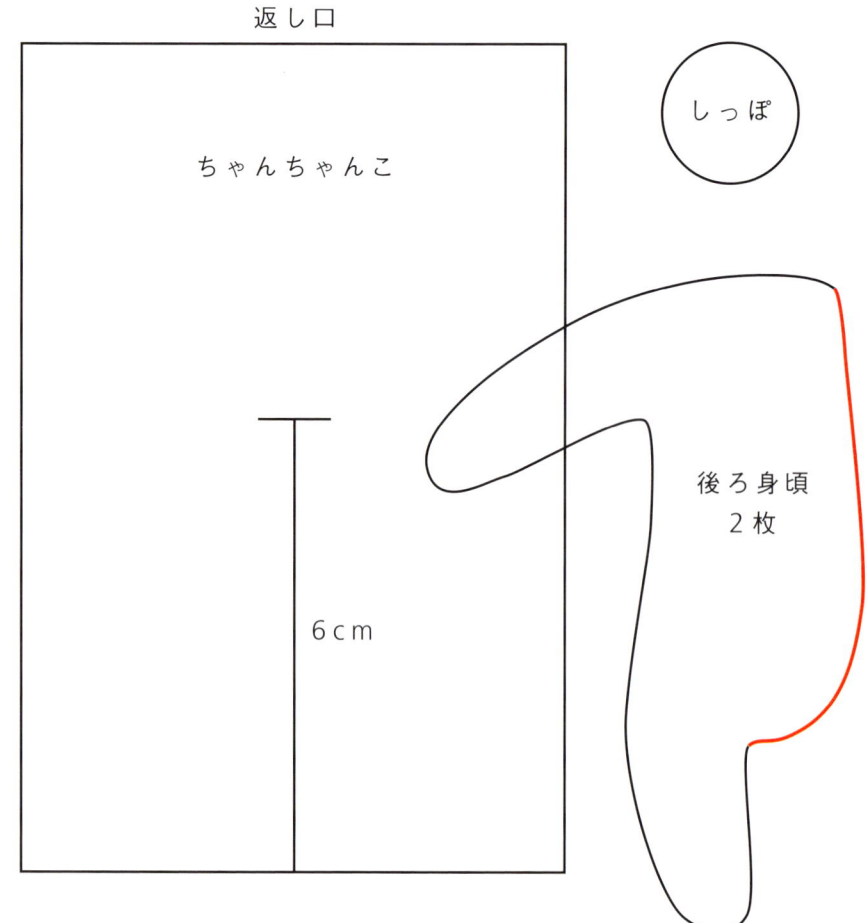

■ data

たて **11.5cm**

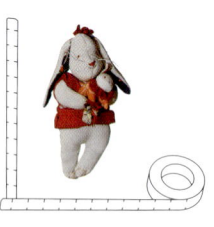

よこ **8cm**

■ 赤ちゃんを抱いたうさぎの由来

どんな動物も子どもを育てるときは真剣そのもの。人間が見習いたいような子育てもある。赤ちゃんを慈しむ感情と動作をうさぎの形を借りて表現した。

■ 材料

頭‥‥2枚
耳‥‥表2枚　裏2枚
前身頃‥‥1枚
後ろ身頃‥‥2枚
しっぽ(お好みで)
ちゃんちゃんこ　7.5cm×11cm
刺しゅう糸　綿

■ 作品のパーツ ①　すべて接着芯付き、芯に型を描いておく。

[頭]

[耳]

[耳裏布]

[頭]

[耳]

■ 作り方

1　頭2枚を返し口を残して縫う。

2　耳を縫う。

3　後ろ身頃2枚の背中を縫う（赤線の部分）。

4　前身頃と後ろ身頃を返し口を残して縫う。（カーブに切り込みを入れ、ひっくり返し、綿を入れて、返し口を閉じる）

5　目、口、鼻を刺しゅうする。

6　身頃に頭を付ける。

7　耳、しっぽを付ける。

※ちゃんちゃんこの作り方はP46参照。

小花

小花は好みでつけてください。作り方はP.110参照。

[ちゃんちゃんこ]

75

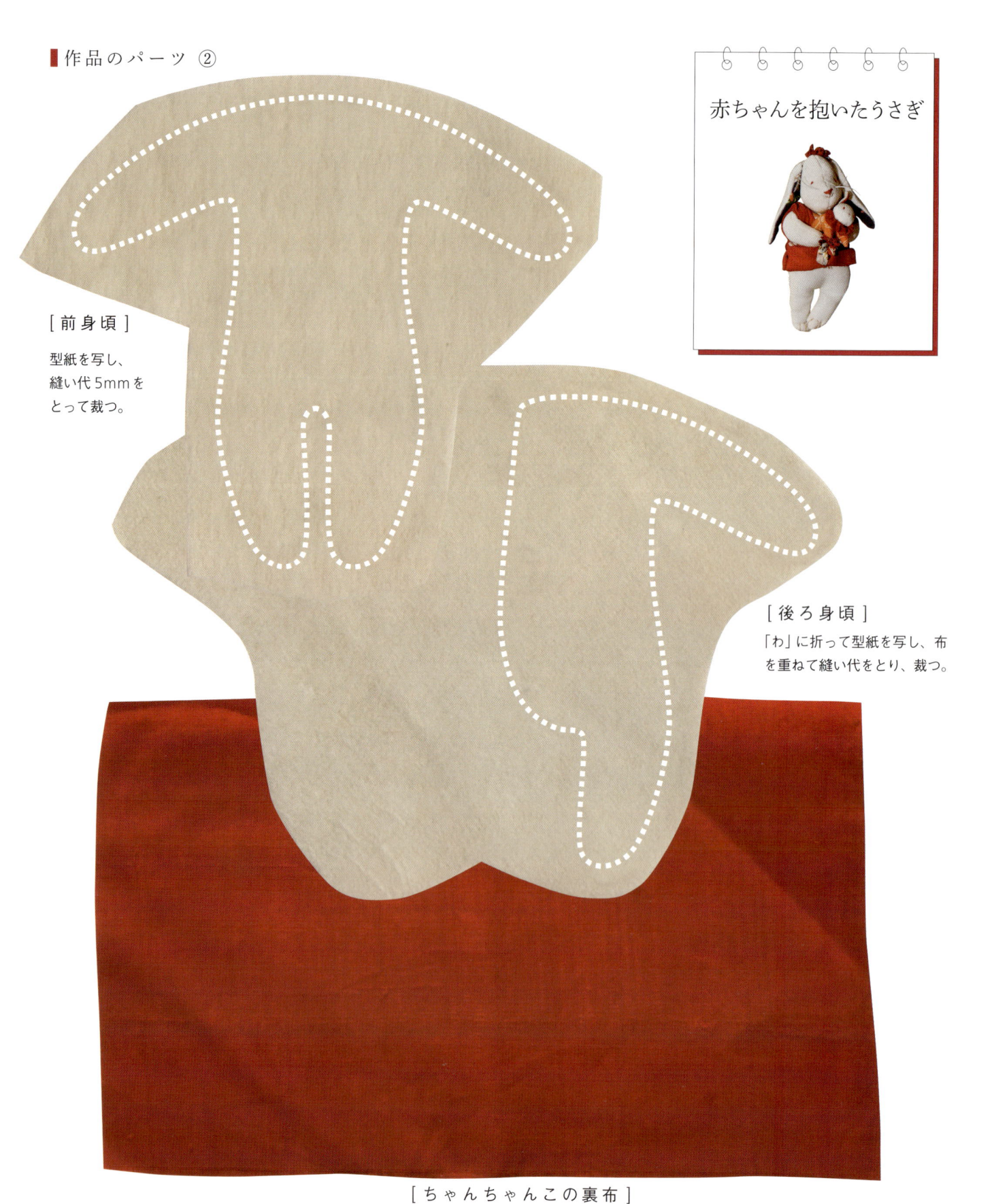

■ 作品のパーツ ②

赤ちゃんを抱いたうさぎ

[前身頃]
型紙を写し、縫い代5mmをとって裁つ。

[後ろ身頃]
「わ」に折って型紙を写し、布を重ねて縫い代をとり、裁つ。

[ちゃんちゃんこの裏布]

■ 実物大型紙

■ 作品のパーツ

[顔]

[耳]

[胴体]

豆うさぎと同じ形。伝統的なさるっこなどと同じなので、出来るようになるといろいろ応用できる。

赤ちゃん

■ data

たて 3cm
よこ 3cm

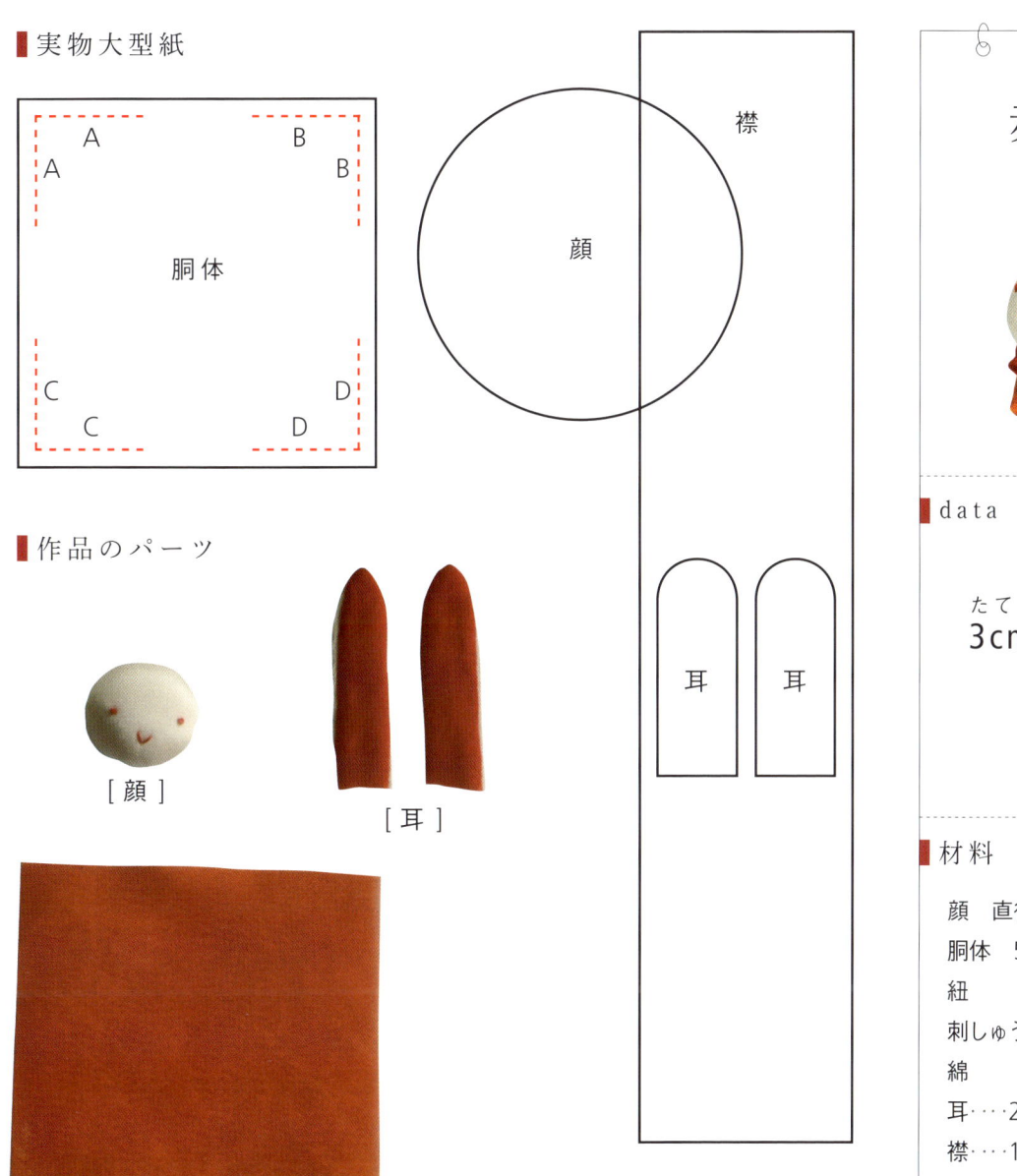

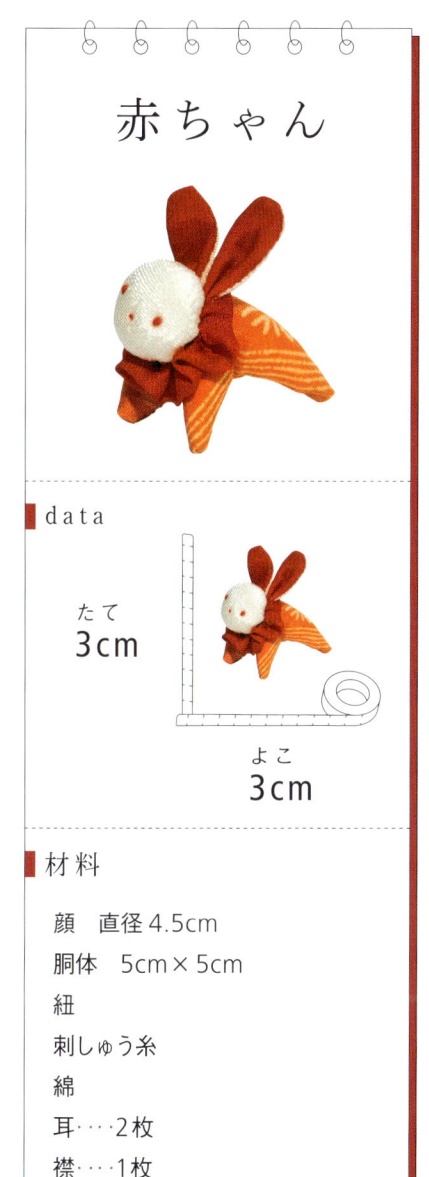

■ 材料

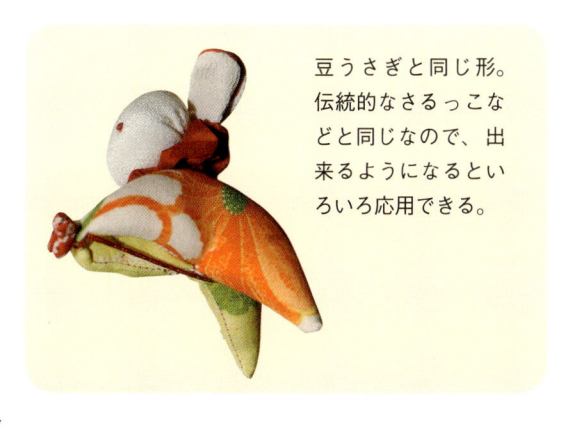

顔　直径4.5cm
胴体　5cm×5cm
紐
刺しゅう糸
綿
耳‥‥2枚
襟‥‥1枚

■ 作り方

胴体
1　AとA・BとB・CとC・DとDを縫い合わせる。

2　縫い残した真ん中からひっくり返し綿を入れて閉じる。

顔
1　円の周りをぐし縫いして、綿を入れて縫い縮める。

2　目・口を刺しゅうする。ひげは好みでつける。

耳　赤と白を中表に合わせて縫って返す。

しっぽ　円の周りをぐし縫いして、綿を入れて縫い縮める。

仕上げ
1　顔に耳をつける。

2　顔に襟をつけて、胴体にまつりつける（襟の作り方はP70参照）。

3　しっぽはお好みでつける。

■ 実物大型紙

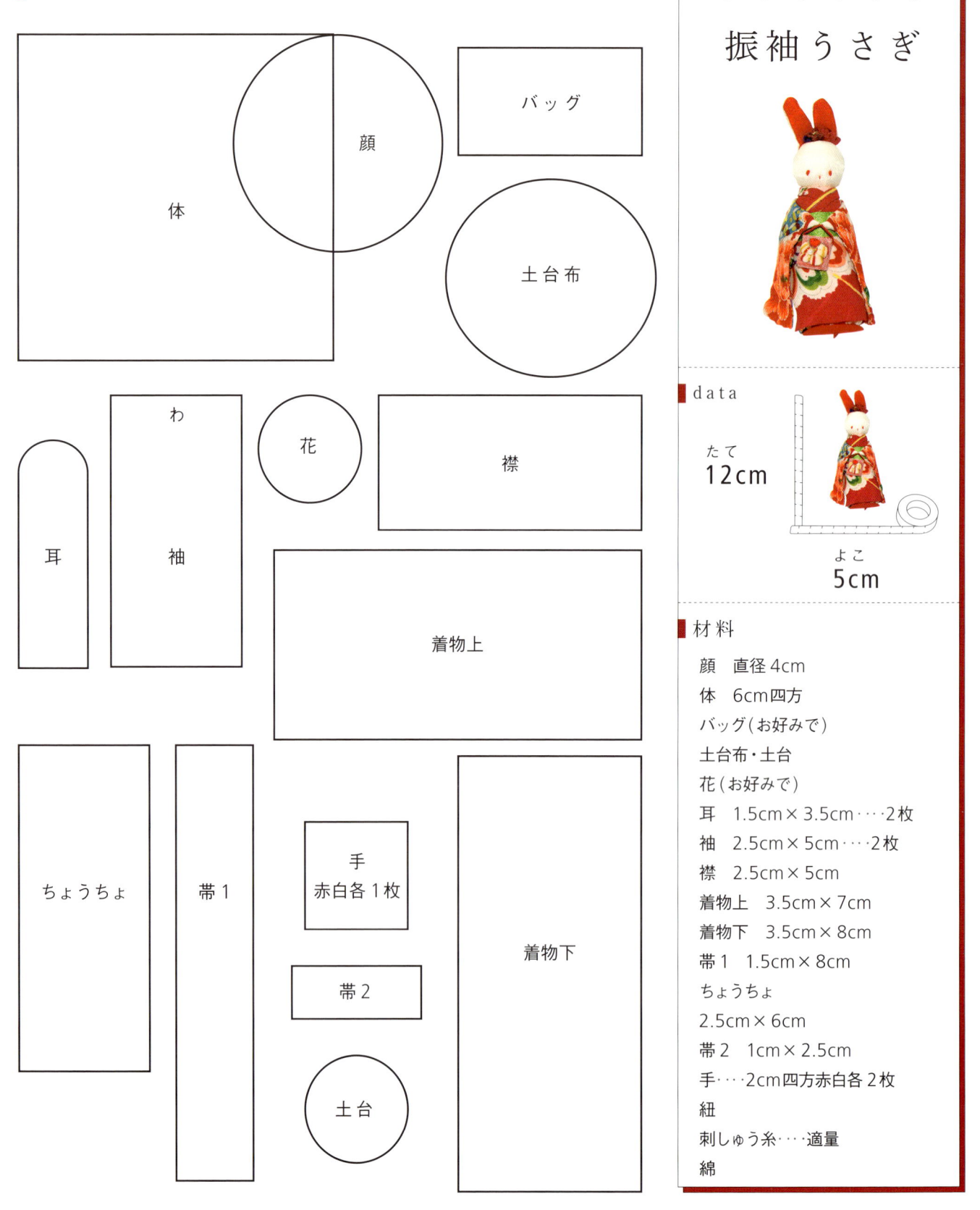

（型紙ラベル：体、顔、バッグ、土台布、耳、わ、袖、花、襟、着物上、ちょうちょ、帯1、手 赤白各1枚、着物下、帯2、土台）

振袖うさぎ

data

たて **12cm**

よこ **5cm**

■ 材料

顔　直径4cm
体　6cm四方
バッグ（お好みで）
土台布・土台
花（お好みで）
耳　1.5cm×3.5cm‥‥2枚
袖　2.5cm×5cm‥‥2枚
襟　2.5cm×5cm
着物上　3.5cm×7cm
着物下　3.5cm×8cm
帯1　1.5cm×8cm
ちょうちょ
2.5cm×6cm
帯2　1cm×2.5cm
手‥‥2cm四方赤白各2枚
紐
刺しゅう糸‥‥適量
綿

■ 作品のパーツ ①

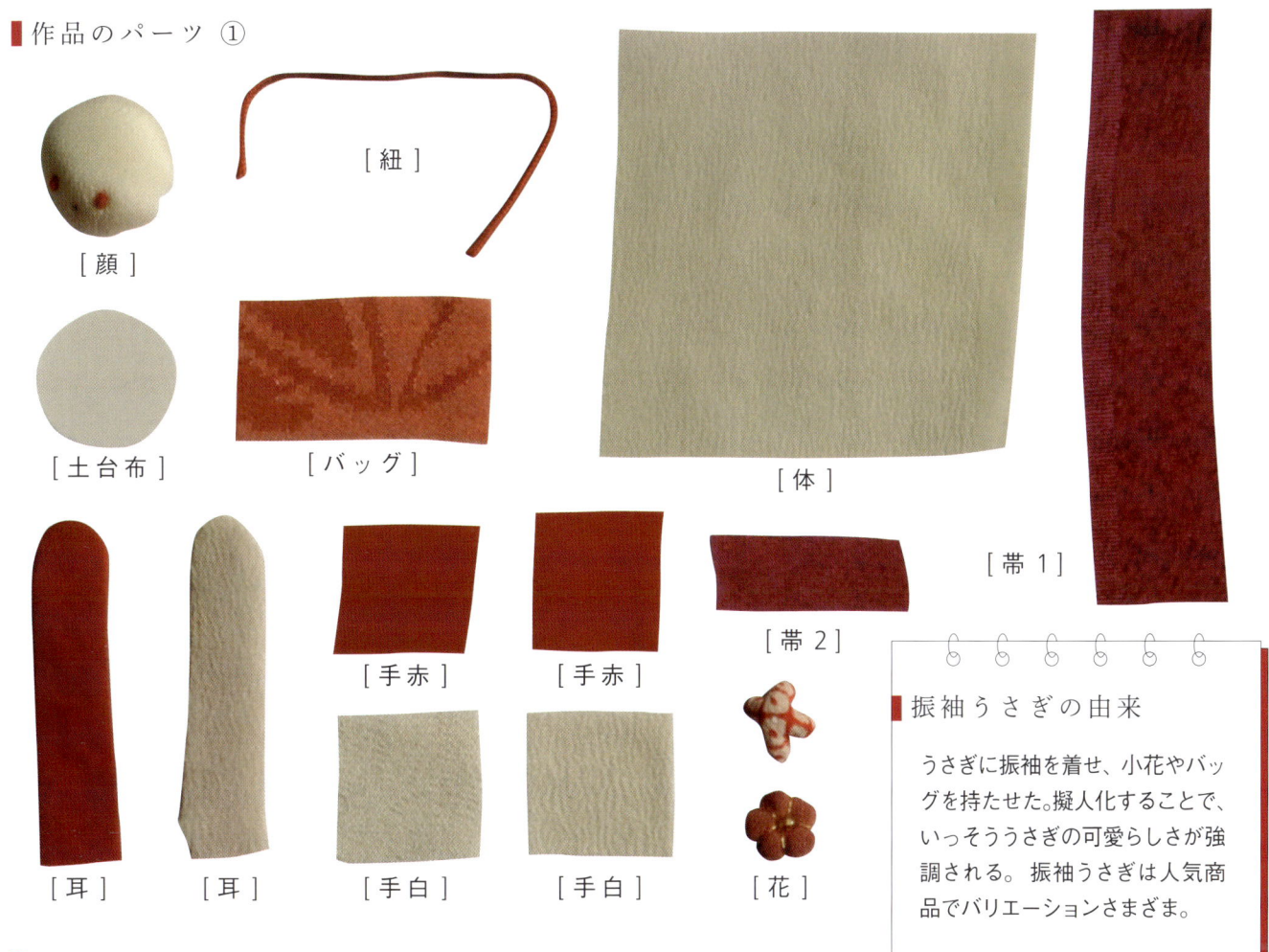

[顔]　[紐]　[土台布]　[バッグ]　[体]　[耳]　[耳]　[手赤]　[手赤]　[帯2]　[帯1]　[手白]　[手白]　[花]

振袖うさぎの由来

うさぎに振袖を着せ、小花やバッグを持たせた。擬人化することで、いっそううさぎの可愛らしさが強調される。振袖うさぎは人気商品でバリエーションさまざま。

■ 作り方

体
1 体を筒に縫い、底をぐし縫いする（体の高さは4.5cm以内で）。
2 ひっくり返して、綿を入れて上をぐし縫いして閉じる。
3 土台を土台布で包み底につける。

顔
1 顔をぐし縫いして、綿を入れて縫い縮める。
2 目（ナッツステッチ）・口を赤糸で刺しゅうする。

耳
1 赤布と白布を中表に返し口を残して縫う。耳の幅は1.2cm位
2 ひっくり返して、アイロンをかける。
3 顔に縫いつける。

着物
1 胴体に襟を二つ折りにして巻く。
2 襟の上から着物の上を二つ折りにして巻く。
3 着物の下を巻く。
4 帯の端の始末をして着物に巻く。
5 ちょうちょ結びを作る。
6 袖を輪にして袖口を残して縫う。

手
1 白い布を三角に折り、ボンドで固める。
2 手に二つ折りにした赤い布を巻きつけて、袖に挟む

バッグ
1 両端を織り込んだ布を三つ折りにする。
2 赤い紐をつけて、花を付ける。
3 手に縫いつける。

花
1 花は2cmの丸を縫い縮めて、綿を入れて、金糸で5等分する。ビーズを中心につける。

おくるみ赤ちゃん

data
たて **6.5cm**
よこ **6cm** 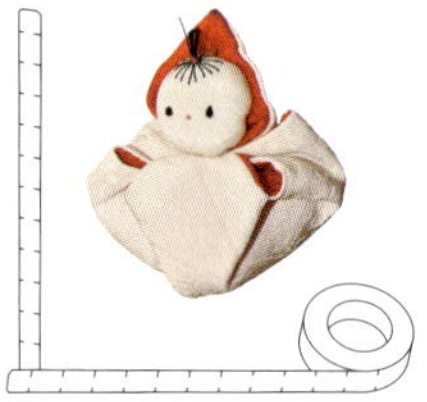

材料
顔　直径5cm
おくるみ　赤と白の布
10.5cm四方
刺しゅう糸‥‥適宜
綿

作り方

1 顔の周りをぐし縫いし、綿を入れて縫い留め、目、口、髪を刺しゅうする。髪の先はしばって立てる。

2 10.5cm四方の赤と白の布を中表に合わせ、四辺を縫う。

3 赤の布の中央に切り込みを入れ、底から表に返す。

4 一つの角に頭を縫い付ける。

5 1〜9の部分の布を拾いながら縫う。

6 中に綿を入れて絞る。

作品のパーツ ②

[ちょうちょ]

[襟]

[袖]

[袖]

[着物上]

[着物下]

振袖うさぎ

■実物大型紙

顔

1
ここから始まりここで終わる。

8　　　　　　　　2

7　　　おくるみ　　　3
（縫い代はなし）

6　　　　　　　　4

5

■作品のパーツ

[おくるみ　赤]　　　　　　[おくるみ　白]

■バリエーション

ヤクルトの空容器が入っているので、たっぷりしたスカートに。頭に小花（星の砂）をいくつもつけておめかしを。フリル付きの傘や扇子を持たせて、貴婦人風にしても可愛い。

後ろ

マリーラビットの後ろ。大きなリボン結びにぼんぼりの花を飾って、華やかな後ろ姿です。つるし飾りはいろんなところから見られるので、後ろ姿にも工夫して。

■マリーラビットの由来

マリーという名のうさぎの貴婦人。レースや花を飾ったドレスで華やかにゴージャスに。18世紀パリ社交界をイメージして作りましょう。

■作り方

体
1 ヤクルトの空容器を利用する。
2 中にペレットと綿を入れて布で包む。

スカート
1 脇を縫って輪にする。
2 二つ折りにして、上をぐし縫いする。

スカートと身頃を縫い合わせる。
身頃の上の部分をぐし縫いし、胴体にかぶせ、胴体に縫いとめる。

顔と耳と作る　顔の作り方はP79振り袖うさぎとおなじ。襟はP70豆うさぎ参照。

リボンを作る

手を作る　綿棒に白布を巻く。

袖　輪にして、両端をぐし縫いする。片方に手を挟む。

リボン、袖をつける

花や飾りはあなただけのマリーラビットにトッピング

マリーラビット

data

たて 13cm
よこ 8cm

■材料

顔　直径7cm
耳‥‥2枚　3cm×5cm
リボン大　10cm×20cm
リボン小　6cm×10cm
手‥‥2枚　2.5cm×3cm
襟　5cm×21cm
袖‥‥2枚　5cm×10cm
身頃　4cm×16cm
スカート　脇9.5cm×35cm×2
刺しゅう糸
ヤクルトの空き容器
ペレット
綿

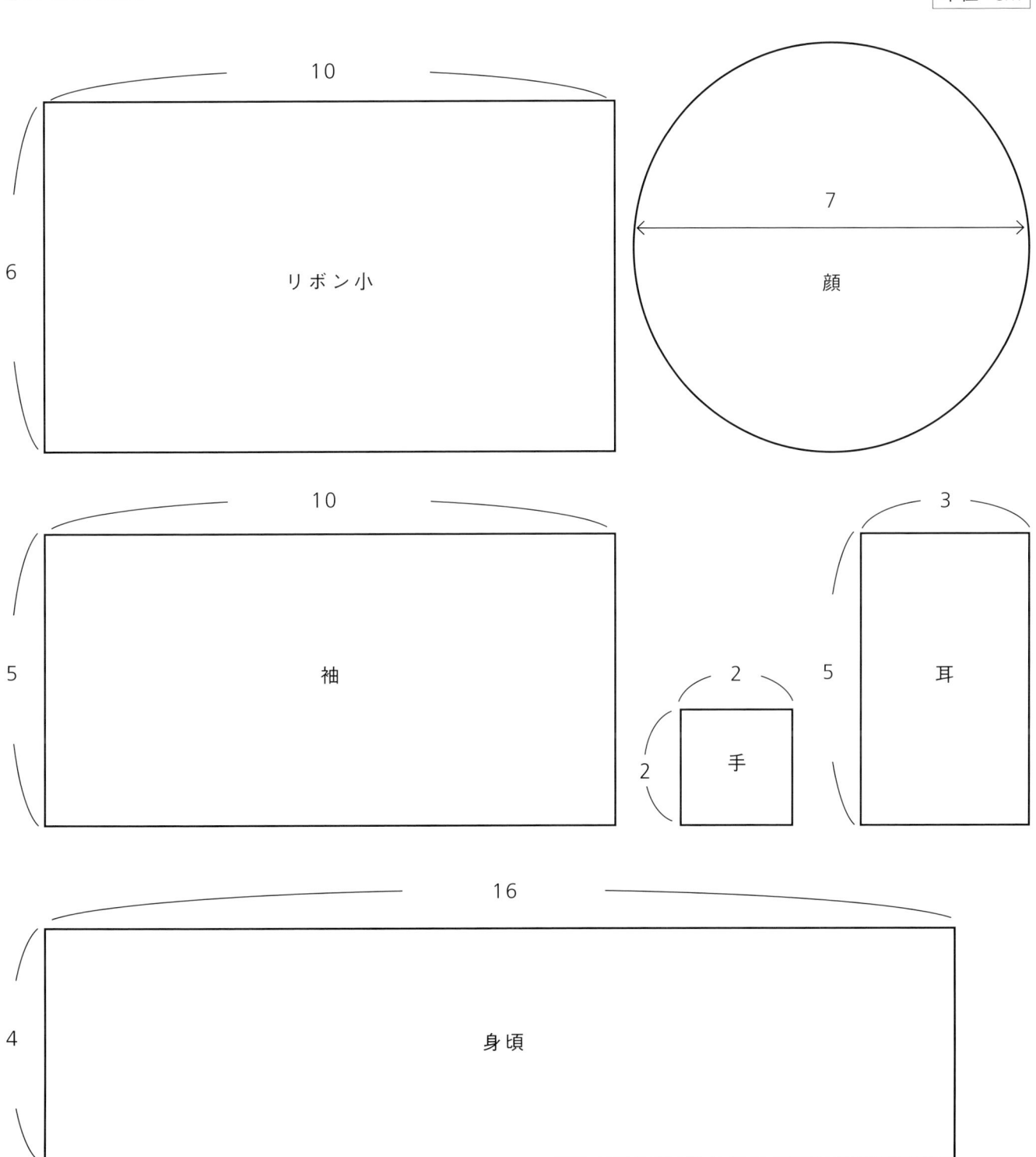

■実物大型紙　　　　　　　　　　　　　　　　　　　　　　　単位：cm

リボン小 6×10	顔 直径7

袖 5×10	手 2×2	耳 5×3

身頃 4×16

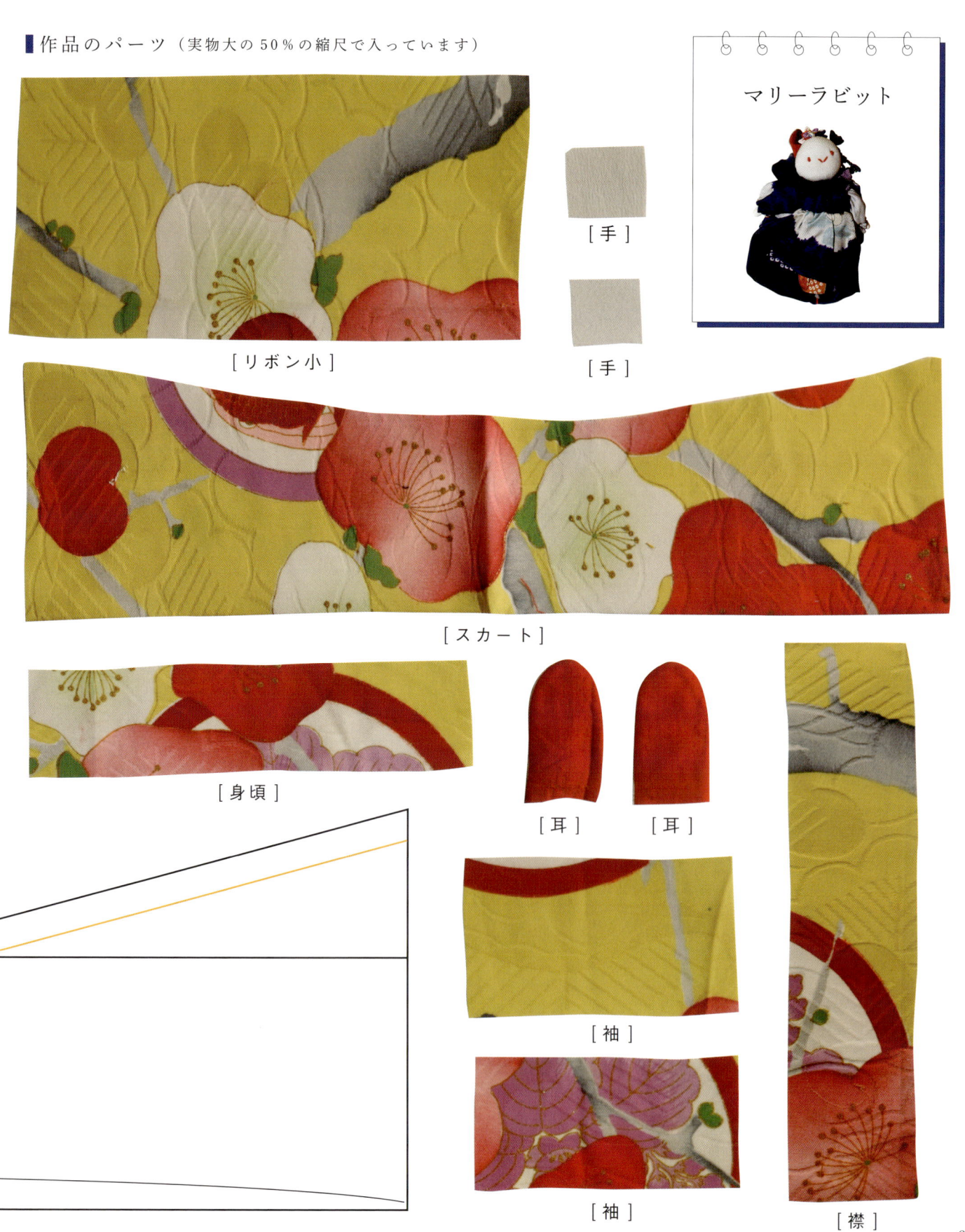

■ 作品のパーツ（実物大の50％の縮尺で入っています）

マリーラビット

[リボン小]　[手]　[手]

[スカート]

[身頃]　[耳]　[耳]

[袖]

[袖]　[襟]

84

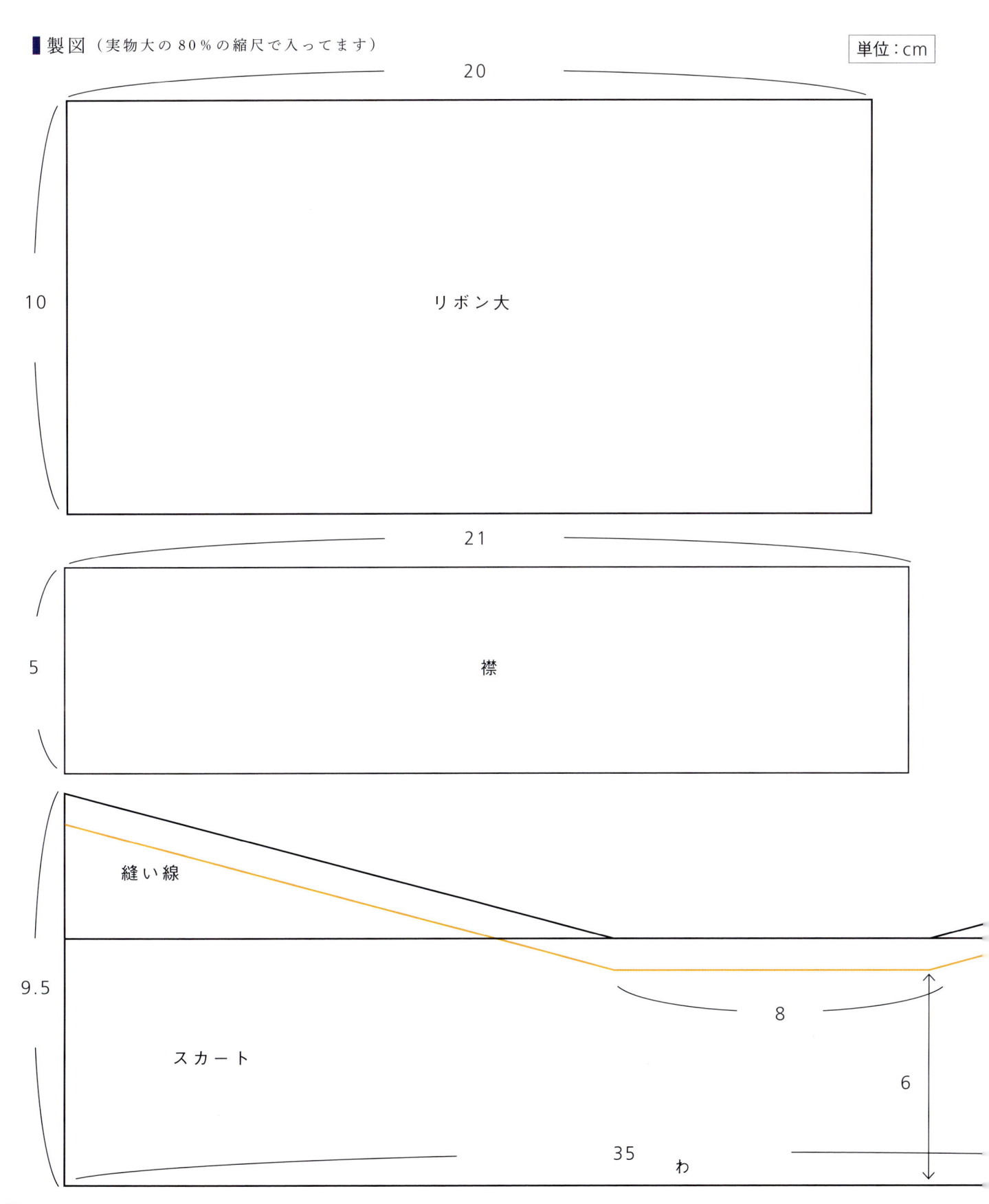

■製図（実物大の80％の縮尺で入ってます）　　　　　　　　　　　　　　単位：cm

20

10　リボン大

21

5　襟

縫い線

9.5　スカート

8

6

35　わ

■ 実物大型紙

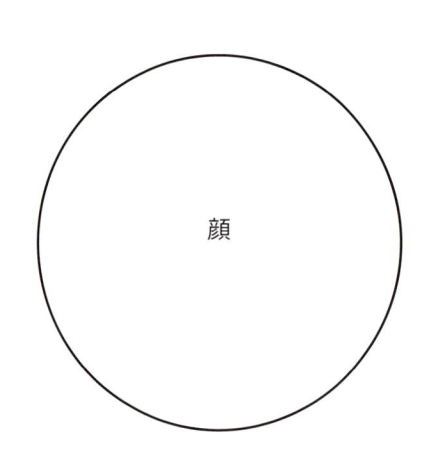

耳

顔

ブラウス

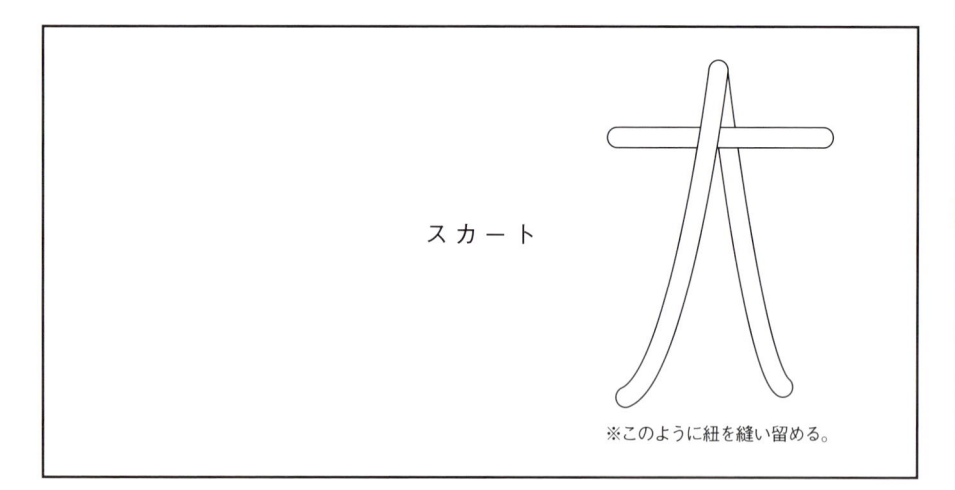

スカート

※このように紐を縫い留める。

■ 作り方

1 紐を手13cm（出来上がり9cm）足19cm（出来上がり15cm）に切って、端を中に折り込み、縫い止める。足が開かないように一針入れる。

2 スカートを二つ折りにして縫い代を中に織り込みながらぐし縫いする。→紐にしぼって縫い止める。

3 顔に綿を詰め絞って刺しゅう糸で目と口を付ける。→耳を付ける。

4 ブラウスをスカートのようにぐし縫いして、顔につける。

5 顔の付いたブラウスを紐につける。

6 足にリボンなどを巻く。

7 手にお花（星の砂）を7個つける。

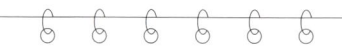

スカートうさぎ ブーケ付

■ data

たて **11cm**

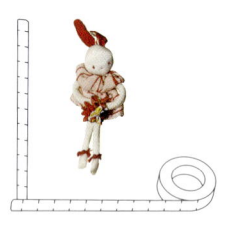

よこ **5cm**

■ スカートうさぎブーケ付の由来

神様のお使いであるうさぎをいつも手元に置いておくために、この紐で作ったスカートうさぎはだれにも喜ばれる。スカートをはいたうさぎちゃんとして、マスコットに。

■ 材料

顔　直径5cm

ブラウス　4cm×12cm

スカート　6cm×12cm

耳　1.8cm×4cm

紐（5mm直径）　13cm　19cm

リボン‥‥適量

星の砂（つまみ細工で）

刺しゅう糸　綿

86

■ 作品のパーツ

[星の砂]　　　　[リボン]

[耳]　　　[顔]

[ブラウス]

[スカート]

[紐　手足]

■ 実物大型紙

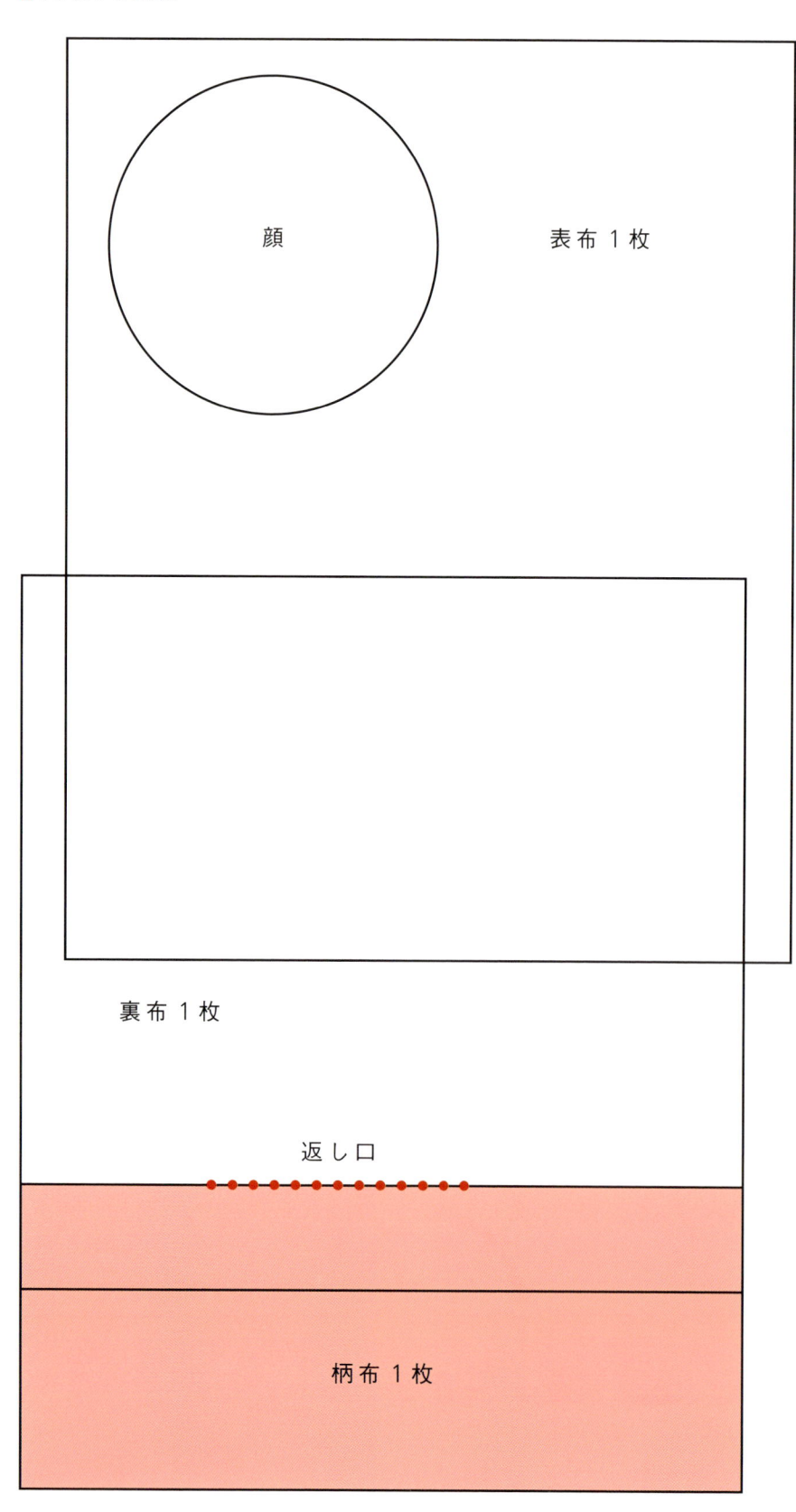

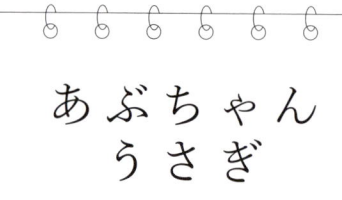

顔　　　　　表布 1 枚

裏布 1 枚

返し口

柄布 1 枚

あぶちゃん　うさぎ

■ data

たて **6cm**

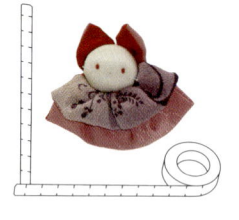

よこ **6.5cm**

■ あぶちゃんうさぎの由来

あぶちゃんとはよだれかけのこと。最近はよだれかけを「スタイ」と呼んだりもする。いずれにしてもよだれかけも赤ちゃんの可愛さを表すベビーファッションのひとつ。

■ 材料

顔　直径5cm
表布1枚　11cm×13.5cm
裏布1枚　10.5cm×11cm
柄布1枚　4.5cm×11cm
刺しゅう糸
綿

■ 作品のパーツ（実物大の70％の縮尺で入ってます）

[顔]

[裏布]

[柄布]

[表布]

前

後ろ

■ 作り方

1 裏布と柄布を縫い合わせる（返し口を残す）。

2 表布と1の布を中表にぐるりと縫い、返す。

3 図アの赤い点線の部分を縫い絞る（耳）。

4 顔は周りをぐし縫いし、綿を入れて絞る。目と口を刺しゅうする。髭も付ける。

5 耳の上に顔を付ける。

6 図アの青線をギャザーを寄せるように縫い、顔にとじ付ける

7 着物の開き口から綿を入れてふっくらとさせる。

図ア

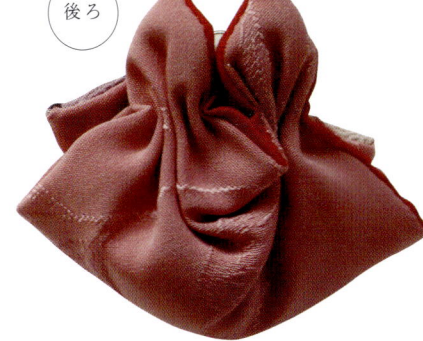

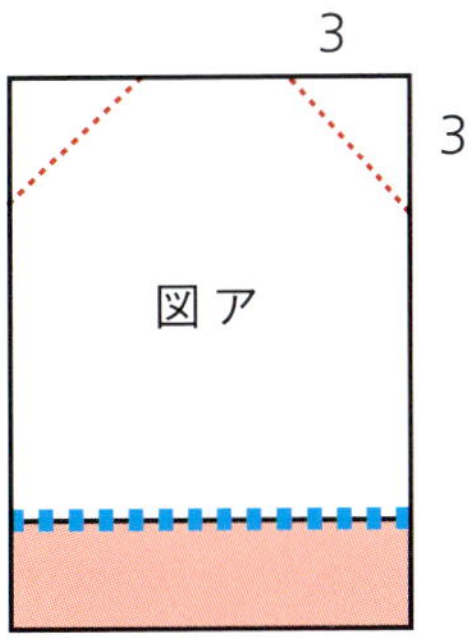

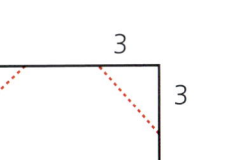

柄布と裏布を接ぎ合わせたものに表布を合わせ、返して赤い点線部分を縫って絞ると耳の出来上がり。後ろから見るとよく分かります。青い点線部分を縫い絞るとあぶちゃん（よだれかけ）になります。

BUNKA DOLLS

人気の文化人形のあれこれ

ファッションを楽しんだり押し絵にするのも素敵

池田裕子作

お部屋に飾ったら
カワイイオーラが
いっぱいです

大正時代から昭和にかけて作られた人形は、一体一体が手作りでした。お腹に「ふいご」を仕込んであって、押さえると「マーマー」と鳴くことから「マーマー人形」とも呼ばれました。赤い色が子どもを守ると信じられていたので、ほとんどが赤を基調としています。

人形を抱いて楽しみたい人もいるけれど、眺めていたい人もいる。押し絵は額として楽しめるので、インテリアにもなる。一つ飾るとお部屋の雰囲気がパッと華やかになる。(稲垣すず子作)

■ 実物大型紙

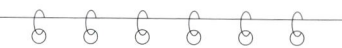

文化人形押し絵

■ data

たて **19.5cm**

よこ **9cm**

■ 文化人形押し絵の由来

押し絵はとても人気で、展示会に出すとすぐに売れてしまう。それも初めて来た人が一目で気に入って購入する。人形では抵抗があっても、これなら絵として飾れるから。

■ 材料

厚紙
ドミット芯
顔
ドレス中央
ドレス
手、足
レース（白、赤）
レース（帽子パイピング用）
髪用毛糸
額
リボン
帽子

■ 作り方

1　厚紙の裏側にドミット芯を貼り、表側に型紙を貼り付け、パーツ毎にくり抜く。

2　切り抜いた型紙に1cmののりしろを付けて布を切る。

3　布をパーツ毎にボンドで包む。

4　型紙を見ながら順に合わせながらボンドでつけていく。
※リボンテープ（波タイプ）をボンネットにつけてから顔を合わせる

5　顔を描く。

※テープ（赤）で足や手にリボンを付けてもよい。

6　額に入れて飾ってください。

■ 顔の見本

顔はアクリル絵の具で描きます。このイラストを参照し、可愛くなるように自分なりに工夫してみましょう。

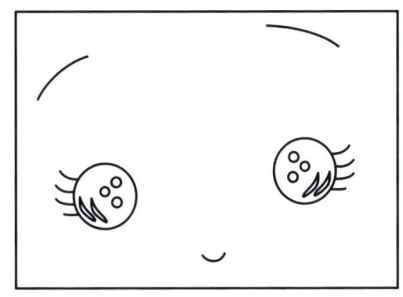

- - - - -　包まずにそのまま置く

―――――　先に包まずにラインを揃えてから包む

■ 作品のパーツ（実物大の60％の縮尺で入ってます）

文化人形押し絵

[ドミット芯]

ドミット芯に実物大で描いておく。

[顔]

[手足]

■ 作品のパーツ（実物大の 60％の縮尺で入ってます）

[ドレス]

[髪]

[リボン②]

[リボン]

[ドレス中央]

[リボン①]

[帽子パイピング用]

■ 実物大型紙

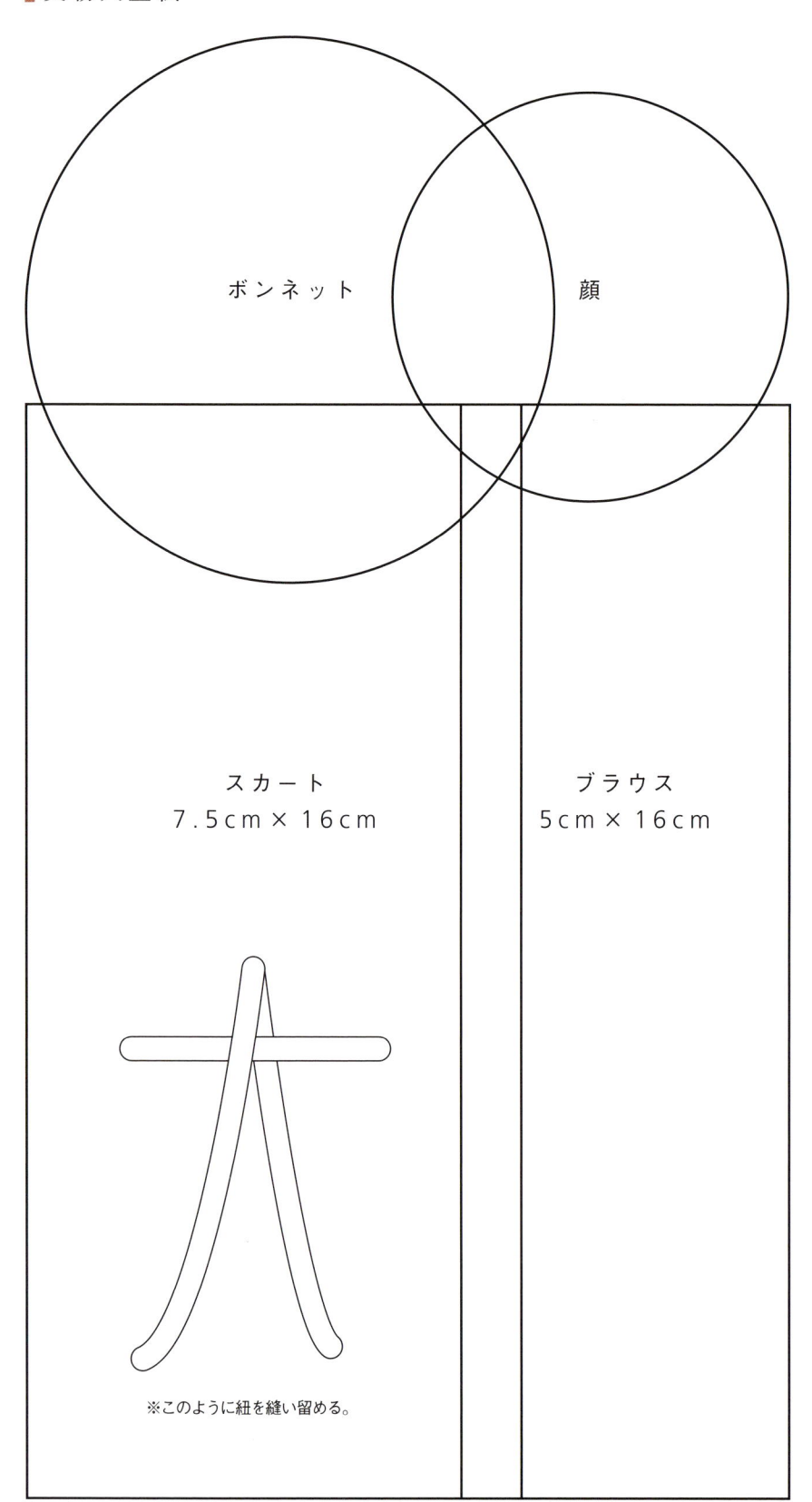

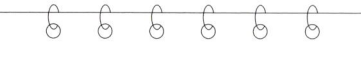

ボンネット

顔

スカート
7.5cm×16cm

ブラウス
5cm×16cm

※このように紐を縫い留める。

紐の文化人形

■ data

たて **11cm**

よこ **5cm**

■ 紐の文化人形の由来

大正時代に生まれ、長きに亘ってどこの家庭でも親しまれた文化人形。文化鍋、文化包丁など何にでも文化を付けて売り出すのが流行った時代に出た人形。

■ 材料

顔　直径6cm‥‥1枚
ボンネット　直径8cm‥‥1枚
髪用の糸
ブラウス　5cm×16cm
スカート　7.5cm×16cm
足に結ぶ赤糸
小花(お好みで)
紐

■ 作品のパーツ

[ボンネット]

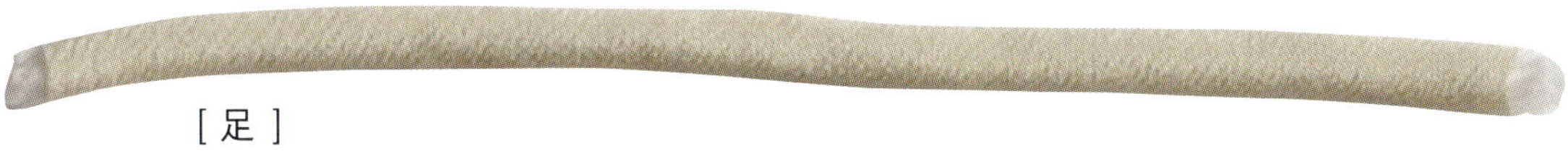

[顔]

[足]

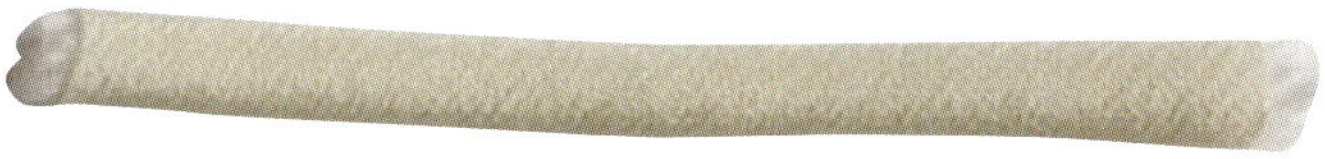

[手]

[小花]

[スカート]

[ブラウス]

■ 作り方

1 紐を手9cm　足14cmに切って、大の字に縫い留める。足が開かないように一針入れる。

2 スカートを二つ折りにして、縫い代を中に折り込みながらぐし縫いする。絞って紐に縫い付ける。

3 顔に髪をつけ、ボンネットを縫い留める。髪は糸を切って頭部に貼る。ボンネットは周りをぐし縫いし、絞って平たくする。

4 ブラウスをスカートと同様ぐし縫いし、顔につける。

5 顔のついたブラウスを紐につける。

6 手足の先を始末する。足の裾を赤糸で巻く。

7 顔を描く。

8 手にバッグや花をお好みでつけてもいい。

※紐の作り方　布をバイアスにとってお好みの太さに縫い合わせ、中に毛糸を2本入れる。

■ 実物大型紙

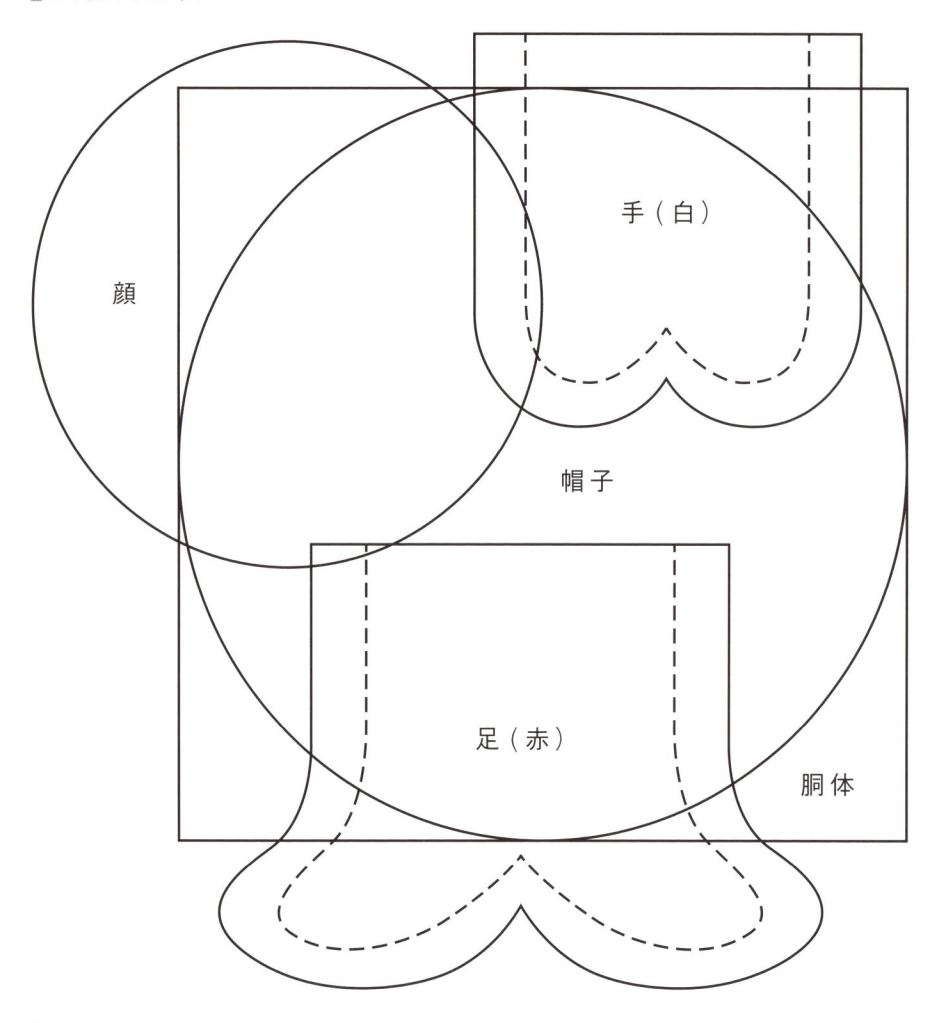

顔

手(白)

帽子

足(赤)

胴体

■ 作り方

顔 丸の端をぐし縫いして、綿をいれ、縫い絞る。

帽子
1 2枚を中表に縫い合わせる。
2 裏になる方の中心に切れ込みを入れて、ひっくりかえす。

手・足 中表に縫い合わせ、返して、綿を入れる。

胴体
1 中表にして、脇を縫う。
2 足を挟んで、底を縫う。
3 返して、綿を入れて、上をぐし縫いして縫い縮める。
4 手を縫いつける。

ブラウス 脇を縫う。上下半分に折って、端をぐし縫いし、縫い縮める。

スカート ブラウスと同様に作る。

ペチコート 脇を縫う

仕上げ
1 顔に髪をつける（毛糸を巻いて縫いつける）。
2 帽子を縫いつける（帽子の表から顔に縫いとめる）。
3 胴体にスカート・ペチコート・ブラウスを縫いとめる。
4 胴体に顔をつける。
5 顔を書く（アクリル絵の具使用）。リボンをつける。

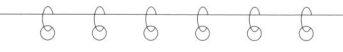

文化人形 琴ちゃん

■ data

たて 15cm
よこ 10cm

■ 文化人形 琴ちゃんの由来

文化人形はさまざまな形で楽しめるが、この琴ちゃんはみんなのアイドル。赤い帽子と赤い靴が子どもを災難から守ってくれる。日本のハイカラがつまったお人形の形。

■ 材料

顔　直径7cm
帽子（2枚）　直径10cm
胴体　8cm×10cm
手、足　各2枚
スカート‥‥1枚
ブラウス‥‥1枚
ペチコート（レース）‥‥1枚
毛糸（髪用）‥‥適量
リボン
アクリル絵の具（顔用）
綿

■ 作品のパーツ（実物大の50％の縮尺で入ってます）

[胴体]

[帽子2枚]

[顔]

[髪用毛糸]

50％になっているキットを実寸にするには。

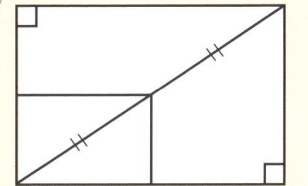

布の上に薄紙を乗せて対角線を引き、線を延長する。横、縦の線を延長し対角線と交わったところで線を引くと実寸となる。

[手足　手は裏の白を使う。裏に型を描いておく。]

[ブラウス]

[スカート]

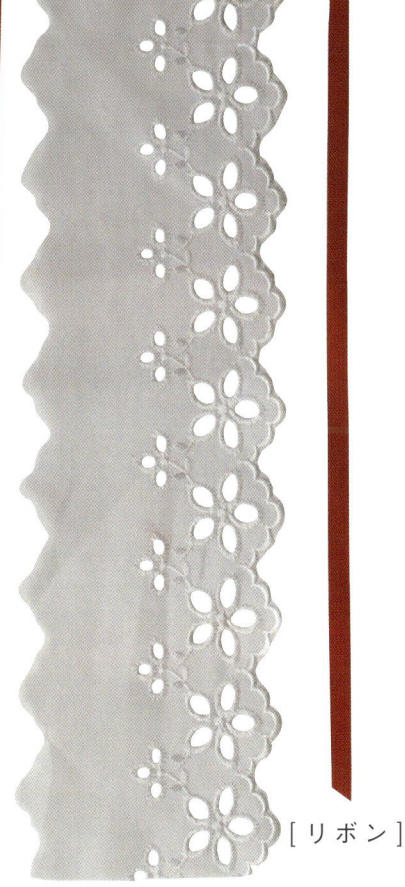

[ペチコート]

[リボン]

スカートのサイズ　12cm×25cm

ブラウスのサイズ　8cm×25cm

ペチコートのサイズ　4cm×25cm

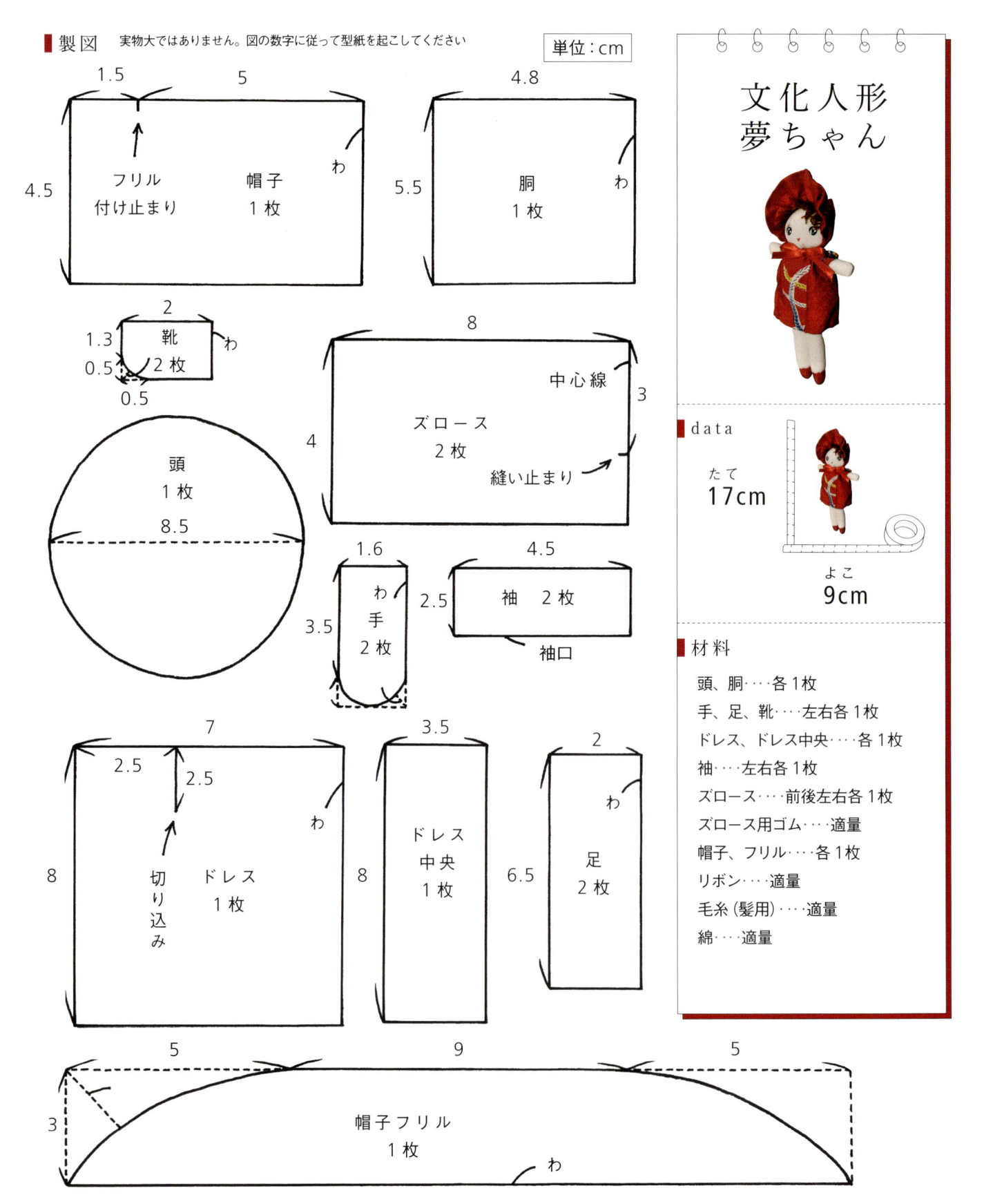

■製図　実物大ではありません。図の数字に従って型紙を起こしてください

単位：cm

文化人形 夢ちゃん

data
たて 17cm
よこ 9cm

材料
頭、胴‥‥各1枚
手、足、靴‥‥左右各1枚
ドレス、ドレス中央‥‥各1枚
袖‥‥左右各1枚
ズロース‥‥前後左右各1枚
ズロース用ゴム‥‥適量
帽子、フリル‥‥各1枚
リボン‥‥適量
毛糸（髪用）‥‥適量
綿‥‥適量

帽子 1枚 (1.5 / 5 / 4.5、フリル付け止まり、わ)
胴 1枚 (4.8 / 5.5、わ)
靴 2枚 (2 / 1.3 / 0.5 / 0.5、わ)
頭 1枚 (8.5)
ズロース 2枚 (8 / 4 / 3、中心線、縫い止まり)
手 2枚 (1.6 / 3.5、わ)
袖 2枚 (4.5 / 2.5、袖口)
ドレス 1枚 (7 / 2.5 / 2.5 / 8、切り込み、わ)
ドレス中央 1枚 (3.5 / 8)
足 2枚 (2 / 6.5、わ)
帽子フリル 1枚 (5 / 9 / 5 / 3、わ)

■ 作品のパーツ①（実物大の90％の縮尺で入ってます）

［靴表］

［靴裏］

［胴］

［足2枚］

［頭］

［髪］

［ドレス中央］　［袖］　［袖］

■ 文化人形の由来

大正時代から昭和30年代まで女の子たちに愛された文化人形だが、新しい人形の出現と共に忘れられていった。しかし今また、懐かしさ故か、ひそかに人気を集めている。

■ 作品のパーツ ②

[手2枚]

[帽子]

[帽子フリル]

[ドレス]

[ゴム紐]

文化人形夢ちゃん

4 頭の縫い代線の切り込み位置よりぐし縫いを入れ、綿を詰めて引き絞る。余分な布を引き寄せて縫い留めながら奇麗な饅頭型に整え、胴に縫い留める。

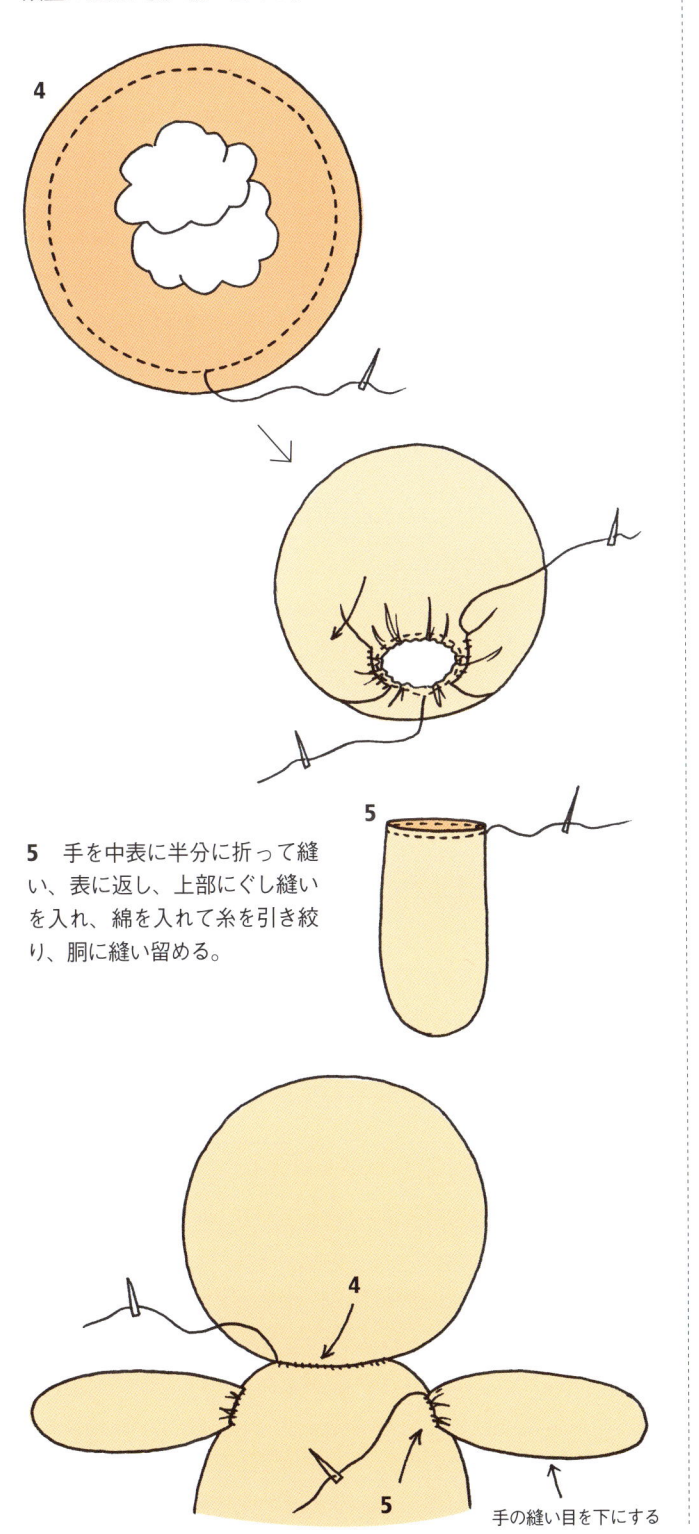

5 手を中表に半分に折って縫い、表に返し、上部にぐし縫いを入れ、綿を入れて糸を引き絞り、胴に縫い留める。

手の縫い目を下にする

作り方

1 足の下部と靴の上部を中表に合わせ縫う。

2 足を中表に半分に折って縫い、表に返して綿を入れる。

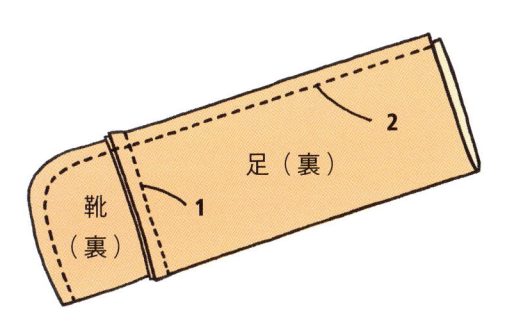

足（裏）
靴（裏）

3 胴を中表に輪に縫い、下部に左右の足を挟み縫う。表に返して形を整え、上部にぐし縫いを入れ、綿を入れて糸を引き絞る。

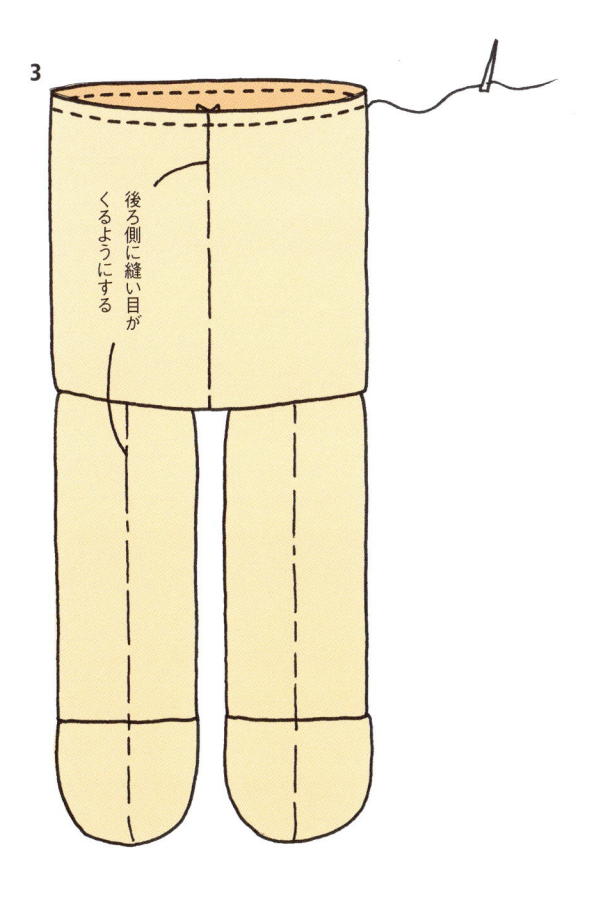

後ろ側に縫い目がくるようにする

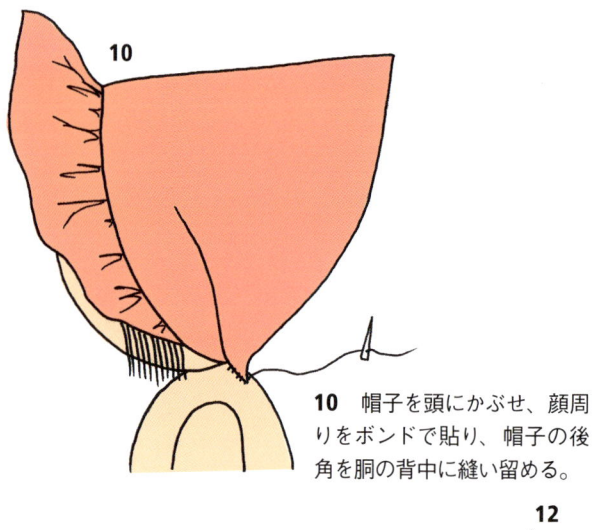

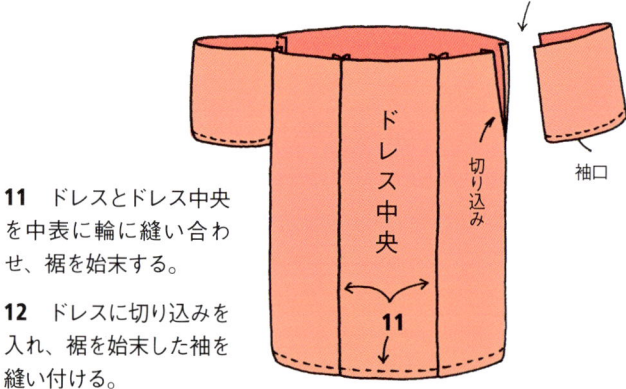

10 帽子を頭にかぶせ、顔周りをボンドで貼り、帽子の後角を胴の背中に縫い留める。

11 ドレスとドレス中央を中表に輪に縫い合わせ、裾を始末する。

12 ドレスに切り込みを入れ、裾を始末した袖を縫い付ける。

13 ドレス、袖の上部の縫い代を裏側に向けて折り、ぐし縫いを入れ、胴に着せて糸を引き絞る。

14 右前ズロース右後ズロースを中表に合わせ、脇線と股下線を縫う。左前後ズロースも同様に縫う。

15 右ズロースと左ズロースを中表に合わせ、前後中心線を縫い、表に返して形を整える。

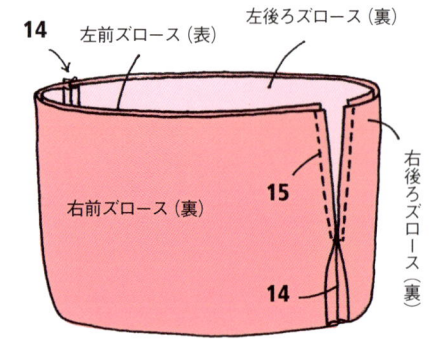

17 首にリボンを結ぶ。

18 アクリル絵の具で顔に眉・目・口を描く。

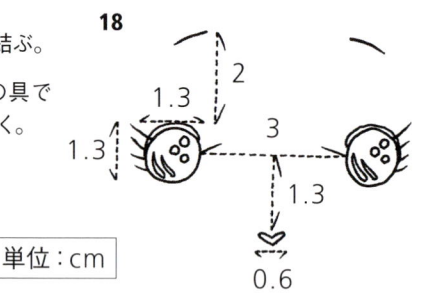

単位：cm

6 毛糸で横髪と前髪を作り、頭にボンドで貼る。

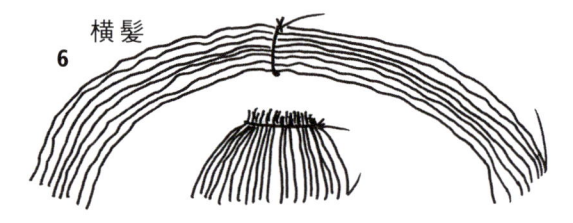

横髪

7 フリルを中表に横半分に折り、カーブ側にぐし縫いを入れて糸を引き絞り、20cmまで縮めてフリルを作る。

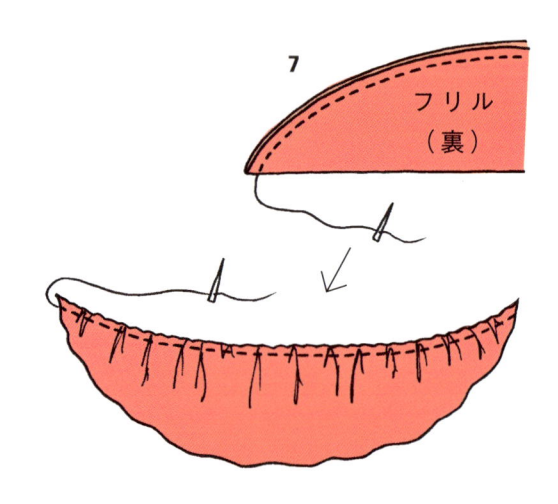

8 帽子とフリルを中表に合わせ縫う。

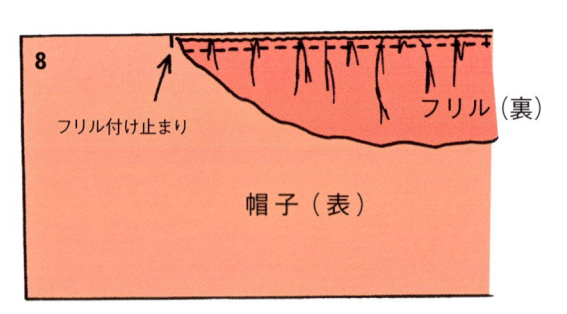

フリル付け止まり
フリル（裏）
帽子（表）

9 帽子を中表に半分に折り、片側を縫い、表に返して形を整える。

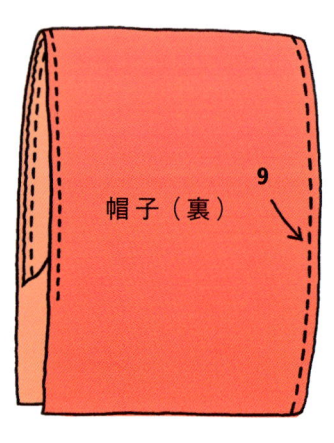

帽子（裏）

DRESS-UP DOLLS
大人も楽しむ着せ替え人形

大正時代に生まれた文化人形は、一時、アメリカから来たバービー人形や昭和70年代に生まれたリカちゃん人形に押されて、姿を消したかに見えましたが、ここへ来て復活の兆しを見せています。季節や行事に合わせ、洋服や着物を作ってあげて、自由に着せ替えられるのも魅力のひとつ。

人形の洋服を自分で作るのも楽しい作業。自分では着られないファッションも人形ならば果てしなく夢がふくらむ。しかも小さいからちょっとのハギレがあればいいのも嬉しい。

文化人形は抱き人形ともいわれて、女の子は抱いたり負ぶったり、まるで子どものように扱った。だから着替えさせるのは最高の楽しみ。現在のリカちゃん人形のように、洋服を着せ替えて遊んだ。(坂本まり作)

つまみ細工で作る
バラのウエディングハット

6段の段々帽子にバラが咲き誇り、花嫁を彩る。

バラ／樽見ゆかり作　帽子／高野悦子作

実物大型紙

花びら
花芯

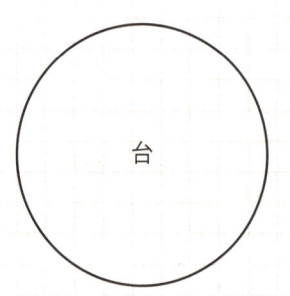

台

花びら

台包み用

つまみ細工の花を帽子につけるだけでこんなに豪華に。このつまみ細工は針や糸を使わずにボンドで貼り付けていくもの。だからだれにでも作れます。折り紙の要領で、丹念に根気強く作りましょう。帽子は市販のもので十分です。

材料

花びら　5cm×5cm‥‥12枚
　　　　4cm×4cm‥‥2枚
花芯・台紙　4cm×4cm‥‥1枚
厚紙　直径3.5cm
台包み用　5cm×5cm‥‥1枚
針金24番　12cm

バラの作り方

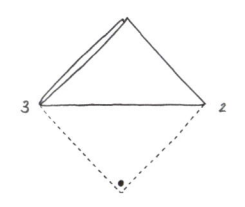

① 三角に折り、先にボンドをつけて、留める。

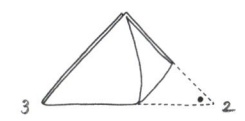

② 2の端にボンドをつけて1で留める。

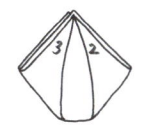

③ 3も同様に1で留めこの形を5cm×5cmで12枚、4cm×4cmで3枚作る。

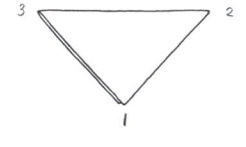

④ 4cm×4cmの1枚で花芯を作る。半分にして1でボンドで留める。

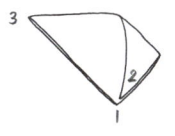

⑤ 3の方へくるくると巻いていく。

⑥ 巻き終わったらボンドで留める。

⑦ 中心を包むように、4cm×4cmで作った花びらでくるむ。

⑧ 花びらはこの形。5cm×5cmで12枚作る。

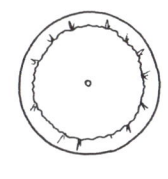

⑨ 台を作る。厚紙を布でくるみボンドで留める。中心に穴をあける。

⑩ 穴に針金を通し、先端をくるっと巻いてボンドで留める。

⑪ 花びらの下端と両側(黒い部分)に少量ボンドをつける。

⑫ ほつれないように花びらの端にボンド付けする。

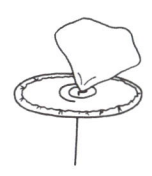

⑬ 台の中心に花びらを置く。1段目は花びらを6枚ずらして置く。

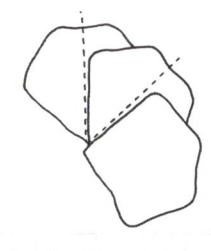

⑭ 1枚目の花びらの真ん中に2枚目を重ね、6枚をずらして置く。最後に中心のパーツを付ける。

バラの花を作っている途中。
(撮影/岩本光弘)

開運勝馬
古布で馬を作って開運を願いましょう

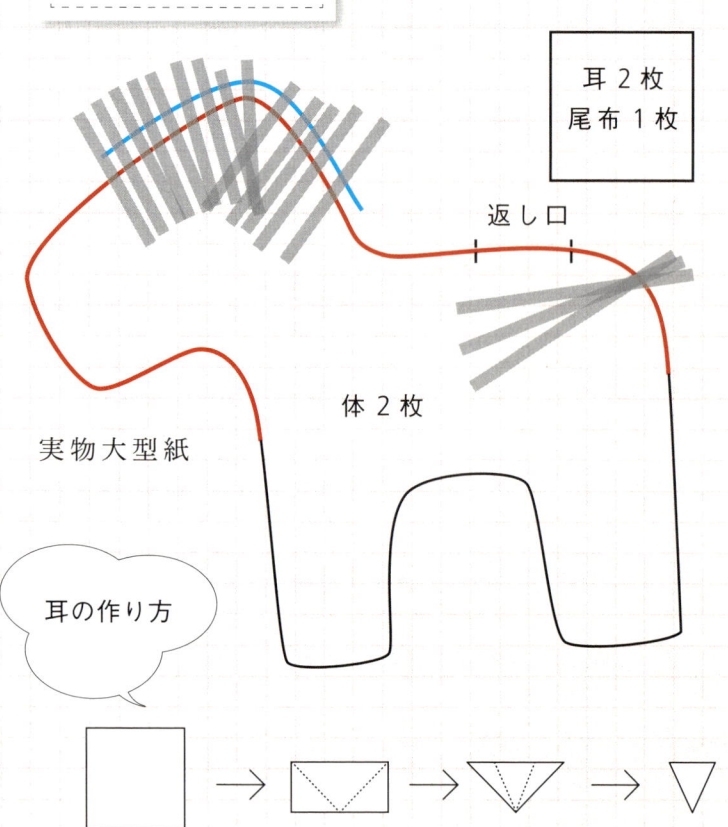

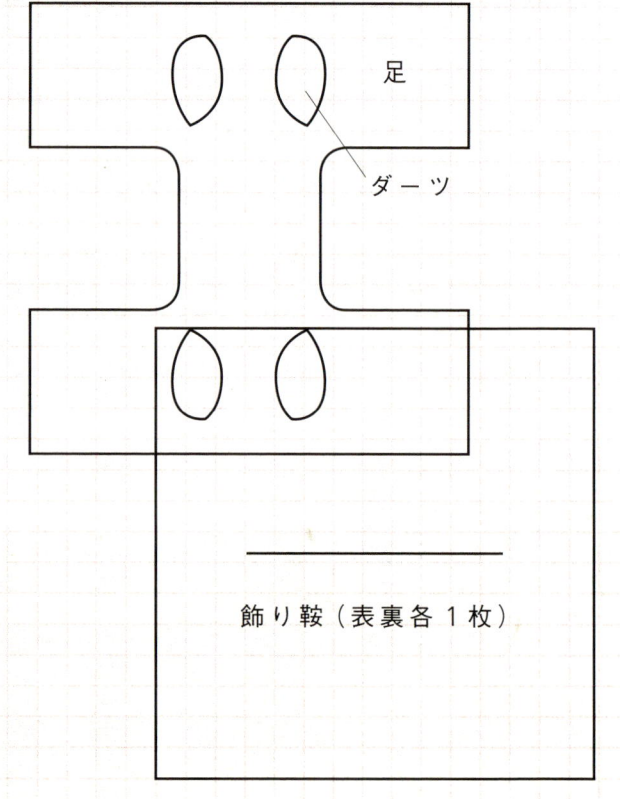

材料
- 体布‥‥2枚
- 尾　2cm×2cm
- たてがみ用刺しゅう糸
- 鞍布‥‥裏表各1枚
- 小花‥‥2個
- 紐　金20cm
- 紅白紐10cm
- 目玉ビーズ‥‥2個

耳2枚
尾布1枚

足
ダーツ

返し口

体2枚

実物大型紙

耳の作り方

飾り鞍（表裏各1枚）

作品のパーツ（実物大の50％の縮尺で入ってます）

[体布　裏]

[鞍布]

[裏布]

[紐]

[尾]

[紅白紐]

[小花]

[目玉ビーズ]

[たてがみ用刺しゅう糸]

[体布　表]

作り方
1　体は5mm縫い代をとって裁つ。
2　縫い代のところにたてがみをボンドで貼る（表布に）。
3　中表にして赤線を縫い合わせる（尾を挟む）。
4　足を縫い付ける。
5　ダーツをとり、返して綿を入れる。
6　飾り鞍は中表に縫い、表に返してタックをとる。
7　馬具、目をつける。
8　耳をボンドで付ける（イラスト参照）。
9　たてがみを整える。

つまみ細工で花（星の砂）を作りましょう

LET'S TRY

小さな1枚の布を折って、4カ所を針ですくい取り縫って、最後に絞る。すると、あら、不思議、可愛いお花の形になります。その形から星の砂とも呼んでいます。一つ一つが簡単に出来るので、時間のあるときにテレビでも見ながら、あるいはおしゃべりを楽しみながら、作り置きしておいて、いくつかたまったら束ねてブーケにしましょう。あるいは、それぞればらして、紐につけたり、バッグや洋服のアクセサリーにもなりますよ。

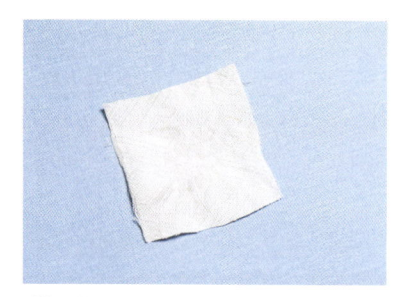

① 作りたい大きさに合わせて正方形の布を作る。

② 針と糸を用意する。ここでは目立つように赤い糸を使用。

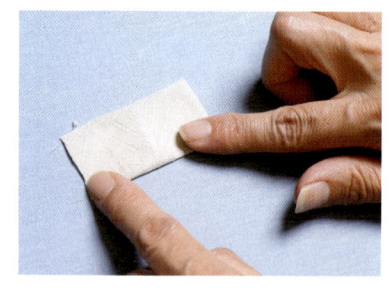

③ 布を端と端を合わせ、半分に折り、折り目をつける。

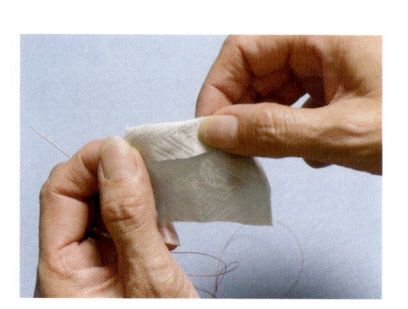

④ 真ん中の折り目に合わせ、布を4分の1折る。

⑤ 折り山の真ん中を針ですくう。

⑥ タテの辺も真ん中の折り目に合わせ、布を4分の1折る。

⑦ タテの折り山の真ん中を針ですくう。

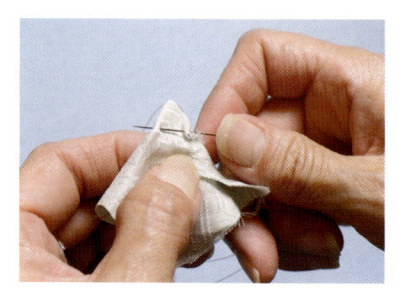

⑧ 2辺を針ですくった状態。

110

> あると
> 便利！

つまみ細工が簡単に出来るプレートです。他に丸ひだつまみ、剣ひだつまみなどもあります。
サイズは SS、S、L とあります。

[丸つまみプレート]

[剣つまみプレート]

[菱つまみプレート]

■ クロバー株式会社
〒537-0025
大阪府大阪市東成区中道3丁目15番5号
TEL06-6978-2277（お客様係）
http://www.clover.co.jp/

⑬ 4辺をすくって通した糸は、このようになる。

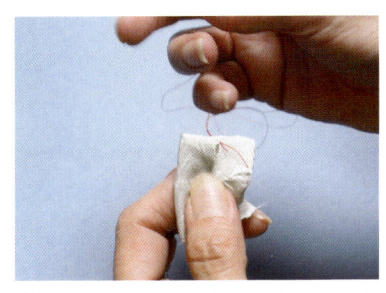

⑨ 3辺目も同じように真ん中の折り目に合わせ4分の1折る。

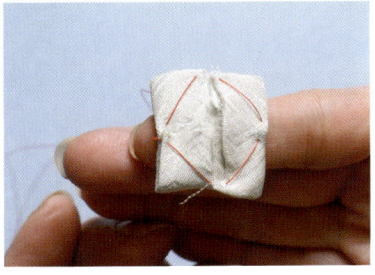

⑭ 布は田の字に折られて各辺を糸がつなぐ格好になる。

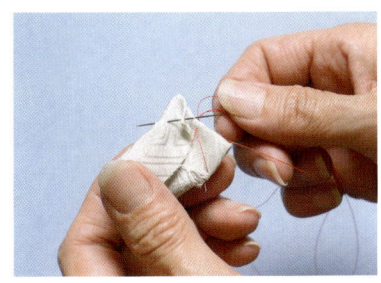

⑩ 同じように折り目の真ん中を針ですくう。

⑮ ここで糸を引っぱり絞ると、花の形になる。星の砂と呼んでいる。

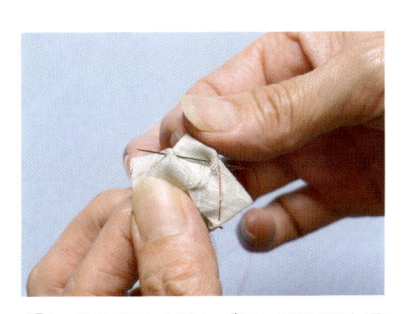

⑪ 糸は細かく縫わずに、辺と辺を通す。

⑯ 裏から見た形。裏を使って飾りにも。少量の綿を入れてもよい。

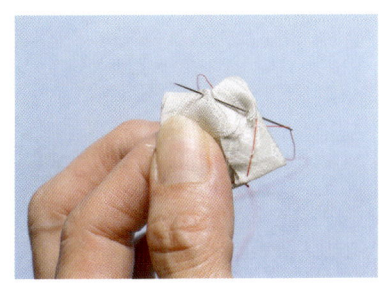

⑫ 最後の辺も同じことをくり返す。

つるし飾りを作る道具、材料

■ つるし飾り作りに欠かせない道具。この他に紐結びや房などもあります。

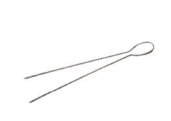

[竹リング] 　　[紅白リング]　　[つまみっこ] 　　[1本つりの台]

[つり台] 　　[傘]

■ 帽子の縁や編みぐるみなどの形状保持に使用することが多いテクノロート。つるし飾りでは紐の飾り結びに張りを持たせるために、また動物の耳や花形など、形よく作りたいものに使用します。

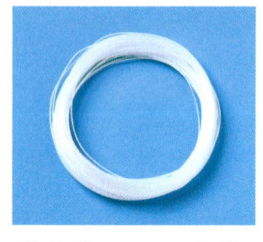

[テクノロート]

■ タカギ繊維株式会社
京都市上京区黒門通上長者町上る榎町374　TEL075-441-4181
http://www.takagi-seni.com/

■ ハマナカ株式会社
京都本社 京都市右京区
花園薮ノ下町2番地の3
TEL.075(463)5151(代)
http://www.hamanaka.co.jp/

制作協力

博多琴路（はかたことじ）

和小物研究所。布による手作り創作を幅広く行い、全国展開している工房。和洋の素材を使って、洋服、人形、アクセサリー、リース、帽子、などなんでもこなすが、とくにつるし飾りと文化人形には定評がある。

スタッフ：小笠原依子　坂本まり　稲垣すず子　池田裕子　羽田野良子、
　　　　　樽見ゆかり　梅原久美

〒818-0056　福岡県筑紫野市二日市北1-25-8
TEL 092-922-5566　FAX 092-922-1800
http://www.hakatakotoji.com　e-mail:gogo@hakatakotoji.com

編集スタッフ

企画構成／有限会社モノアート
撮影／片岡聡（作品ページ）　三本木豪（作り方ページ）
取材・文／照木公子
イラスト／藤岡幸子
本文デザイン／Pran B Design
カバーデザイン／CYCLE DESIGN
企画・進行／鏑木香緒里（辰巳出版株式会社）

12ヶ月のつるし飾り

平成25年10月20日 初版第1刷発行
平成27年 5月10日 初版第2刷発行

著　者　博多琴路
発行者　穂谷竹俊
発行所　株式会社日東書院本社
　　　　〒160-0022 東京都新宿区新宿2丁目15番14号 辰巳ビル
　　　　TEL 03-5360-7522(代表)　FAX 03-5360-8951(販売部)
　　　　振替 00180-0-705733　URL http://www.TG-NET.co.jp

印　刷　大日本印刷株式会社　　製　本　株式会社セイコーバインダリー

本書の無断複写複製（コピー）は、著作権上での例外を除き、著作者、出版社の権利侵害となります。
乱丁・落丁はお取り替えいたします。小社販売部までご連絡ください。

© Kotoji Hakata2013,Printed in Japan　ISBN 978-4-528-01783-2　C2077